Manfred G. Pfirrmann

Deutschlands Verkehr läuft oft verkehrt!

Manfred G. Pfirrmann

Deutschlands Verkehr läuft oft verkehrt!

Kritisches, Lösungsorientiertes und Ironisches aus dem Verkehrsblog

Bloggingbooks

Impressum/Imprint (nur für Deutschland/only for Germany)
Bibliografische Information der Deutschen Nationalbibliothek: Die Deutsche Nationalbibliothek verzeichnet diese Publikation in der Deutschen Nationalbibliografie; detaillierte bibliografische Daten sind im Internet über http://dnb.d-nb.de abrufbar.
Alle in diesem Buch genannten Marken und Produktnamen unterliegen warenzeichen-, marken- oder patentrechtlichem Schutz bzw. sind Warenzeichen oder eingetragene Warenzeichen der jeweiligen Inhaber. Die Wiedergabe von Marken, Produktnamen, Gebrauchsnamen, Handelsnamen, Warenbezeichnungen u.s.w. in diesem Werk berechtigt auch ohne besondere Kennzeichnung nicht zu der Annahme, dass solche Namen im Sinne der Warenzeichen- und Markenschutzgesetzgebung als frei zu betrachten wären und daher von jedermann benutzt werden dürften.

Coverbild: www.ingimage.com

Verlag: Bloggingbooks ist ein Imprint der
Südwestdeutscher Verlag für Hochschulschriften GmbH & Co. KG
Heinrich-Böcking-Str. 6-8, 66121 Saarbrücken, Deutschland
Telefon +49 681 37 20 271-1, Telefax +49 681 37 20 271-0
Email: info@bloggingbooks.de

Herstellung in Deutschland (siehe letzte Seite)
ISBN: 978-3-8417-7027-1

Imprint (only for USA, GB)
Bibliographic information published by the Deutsche Nationalbibliothek: The Deutsche Nationalbibliothek lists this publication in the Deutsche Nationalbibliografie; detailed bibliographic data are available in the Internet at http://dnb.d-nb.de.
Any brand names and product names mentioned in this book are subject to trademark, brand or patent protection and are trademarks or registered trademarks of their respective holders. The use of brand names, product names, common names, trade names, product descriptions etc. even without a particular marking in this works is in no way to be construed to mean that such names may be regarded as unrestricted in respect of trademark and brand protection legislation and could thus be used by anyone.

Cover image: www.ingimage.com

Publisher: Bloggingbooks
is an imprint of the publishing house
Südwestdeutscher Verlag für Hochschulschriften GmbH & Co. KG
Heinrich-Böcking-Str. 6-8, 66121 Saarbrücken, Deutschland
Phone +49 681 37 20 271-1, Fax +49 681 37 20 271-0
Email: info@bloggingbooks.de

Printed in the U.S.A.
Printed in the U.K. by (see last page)
ISBN: 978-3-8417-7027-1

Inhaltsverzeichnis

Vorwort

Eigentlich bin ich ein unverbesserlicher Optimist. So habe ich während all meiner Jahre als Fahrlehrer geglaubt, die Leute kommen zur Fahrschule, *meiner* Fahrschule insbesondere, um dort die Kunst des Autofahrens zu erlernen. Zumal die richtige Beherrschung der Rollkünste mit Kraftfahrzeugen durchaus sehr lebensverlängernd wirken kann. Vom finanziellen Risiko falscher Fahrpraktiken ganz zu schweigen. Man hat mir oft gesagt, die Leute kommen zur Fahrschule, um den Führerschein zu „machen". Ich weigere mich bis heute dies zu glauben. Von wem bitteschön, soll man es denn sonst lernen, den Umgang mit der eigentlich komplexen Maschine Auto (oder noch komplexer, Motorrad)? Vom Vater, Bruder, Schwager, Onkel? Die ihrerseits zwar seit x-Jahren den Führerschein haben, aber niemals eine Kontrollinstanz gesehen haben, die ihre Fahrtechnik und Fahrweise mal kritisch beurteilte. Von den ängstlichen Ehefrauen mal abgesehen. Aber „die meckern ja sowieso immer". Also von wem lernt man das gute Fahren? Das ergibt sich von selbst? Dass ich nicht lache!

Aber es geht ja nicht nur ums Auto. Speziell Radfahrer meinen, dass die Straßenverkehrsordnung nur für Andere gilt, was ja das Schöne an diesem Regelwerk sei. Erstaunlich ist, dass unsere Verkehrsgesetzgebung trotz so vieler Dilettanten, die daran herum schrauben, im Vergleich zu vielen anderen Staaten sogar recht gut ist.

Ja, warum habe ich dann dieses Blog angefangen? Weil ich als Optimist glaube, dass viele auffällige Verkehrsteilnehmer – und dazu gehören auch die Politiker – nicht von Haus aus böse und rücksichtslos sind, sondern sie wissen es einfach nicht besser. Deshalb möchte ich mit diesem Blog einen Beitrag dazu leisten, gegebene Missstände zu erkennen und möglichst abzustellen. Ändern kann man als kleiner Bürger schon mal was, wenn man in Mengen auftritt, wenn also Viele zum Beispiel ihren Politikern schreiben – oder Leserbriefe verfassen oder sonst wie an die Öffentlichkeit gehen.

Und das ist mein Antrieb für diesen Blog.

Wie in meinem Profil zu sehen, habe ich zum Thema Verkehr schon einiges beizutragen. Weil das aber nicht so Bierernst sein muss, deshalb habe ich gleich eine kleine Satire übers Radfahren hier angefügt.

Viel Spass! wünscht
Manfredo

Über Fußgänger, Radfahrer und andere Lebensmüde

DONNERSTAG, MAI 25, 2006

Radfahren ist gesund

Auszug aus der Glossensammlung „Die Bundhose im Kammerkonzert"

von Manfred G. Pfirrmann

Also ich, ich fahre gerne Rad. Bewegung an der frischen Luft, das hält jung. Da kann man alt werden. Und das Schöne am Radfahren ist, man hat nicht nur eine prima Gymnastik, man kommt auch weiter. Wenn man überlegt, wie ungesund da die Autofahrer leben, mit ihrer gefährlichen Raserei.

Natürlich darf man die Gymnastik auch nicht übertreiben. Wenn ich so nachts in einer Ortschaft fahre, mache ich das Licht nie an. Da bin ich energiebewusst, die Straßenbeleuchtung kostet schon genug Strom. Und eine Landstrassenfahrt, die zehrt auch ohne den Antrieb des Dynamos schon genug an den Kräften.

Außerdem muss man schließlich auch einmal die Augen trainieren. Das hätten die Autofahrer auch schon lange wieder einmal nötig, dann würden sie einen armen Radfahrer auch früher erkennen und nicht so halsbrecherisch nahe an einem vorbeifahren.

Also bei Regen, da würde ich ja vielleicht das Licht schon einschalten, aber komischerweise geht es da nicht so richtig. Möglichweise hat meine Anlage da einen Kriechstrom oder wie das heißt. Und beim Rücklicht, da ist ja nur das Birnchen kaputt. Aber erst seit drei Wochen. Na ja, man kann ja nicht ein ganzes Warenlager an Ersatzteilen mitführen. Außerdem habe ich ja noch die Rückstrahler in den Pedalen und wenn mich ein Autofahrer nicht sieht, soll er sich halt mal einen neuen Scheibenwischer kaufen. Was sich diese Leute in den Blechkisten eigentlich einbilden! Bei denen geht doch auch schon mal ein Rücklicht kaputt, oder?

Kürzlich hat sich wieder so ein Benzinkutscher künstlich aufgeregt, weil ich nicht auf dem Radweg gefahren bin, sondern nebendran, auf der Fahrbahn. Ich bin doch ein freier Bürger, da habe ich genauso ein Recht auf die Strasse wie der. Eigentlich hatte ich aber nur keine Lust, auf dem Radweg zu fahren, weil mir da grade ein paar Kumpels entgegenkamen, die auch keinen Bock hatten, drüben auf dem andern Radweg zu fahren. Kann ich verstehn, sie hätten ja über die ganze Strasse rüber müssen und vorher womöglich noch am Rotlicht warten, weil da grade ein Streifenwagen der Bullen stand.

Aber ganz schlimm ist es, wenn man einen Berg hinauffahren muss. Da fahre ich immer im Zickzack, weil das leichter geht. Glauben Sie, die dummen Autofahrer würden dann an mir vorbeifahren, wenn ich gerade nach rechts „zacke"? Keine Spur!

Vor ein Paar Wochen, auf der Urlaubstour, an dem langen Berg bei Neustadt, da hat ein ganz grosser Lastzug wegen mir voll bremsen müssen, weil ich gerade beim „Zick" war. Nachher ist dann kaum wieder in Gang gekommen, Mann habe ich gelacht! Später habe ich mich dann an den Anhänger gehängt – schließlich heißt der ja auch so – und so lang ziehen lassen, bis es zu schnell wurde. Beim Loslassen hat es mich allerdings so hingehauen, dass ich quer über die Strasse gerutscht bin. Aber elastisch und fit, wie wir Radfahrer sind, habe ich mich abgerollt und war schon wieder auf den Beinen, bis der Gegenverkehr kam.

Neulich habe ich sogar die Polizei ausgetrickst. Die sind mir mit dem Streifenwagen wohl deshalb nachgefahren, weil ich ein bisschen schnell über die Stoppstelle gehuscht bin. Normalerweise fahre ich über Stoppstellen nur langsam drüber, ehrlich! Also wie ich merke, die Polente geht mir nach, bin erst mal voll in die Pedale gestiegen, wie der schnelle Didi. Aber wenn da nicht die Einbahnstrasse gekommen wäre, hätten die mich doch erwischt. So aber bin ich einfach links weg und gegen die Richtung durch die Einbahnstrasse. Das haben die sich dann doch nicht getraut, trotz Blaulicht, da war wohl zu viel Verkehr. Keinen Mut, die Jungens. Man sieht, als Radfahrer ist man gut dran.

Mein kleiner Bruder, der ist erst fünf, fährt auch schon prima Rad. Der holt abends immer den Vater vom Bahnhof ab. Ich bin ihm aber ein paar Mal vorher vorausgefahren, damit er sieht, wie man sich im Verkehr verhält. Dem sein Rad ist zwar kleiner, aber viel besser wie meines. Bei dem geht sogar die Vorderradbremse.

Aber am liebsten fahre ich in der Fußgängerzone. Da sind wir Radfahrer unter uns und können prima Slalom um die Leute und die Blumenkübel üben. Denn man muss ja schließlich im Training bleiben, wenn man alt werden will, oder?

Sonntag, Dezember 09, 2007

Radfahrer endlich kennzeichnen!

Was meinen Sie denn dazu:

Nichts ahnend treten Sie aus Ihrer Haustüre, machen einen Schritt nach vorne und werden im gleichen Moment von einem (erwachsenen!) Radfahrer über den Haufen gerannt. Der fliegt zwar im hohen Bogen von seinem Mountainbike, kommt aber mit ein paar blauen Flecken davon, rappelt sich und seinen Drahtesel zusammen, schwingt sich drauf und ist weg. Sie sind aber noch da, und wundern sich, was im Bein so weh tut und warum Sie nicht wieder auf die Füße kommen. Natürlich geht das nicht – mit einem frischen Oberschenkelhalsbruch.

So, nun stehen Ihnen ein längerer Hospitalaufenthalt und monatelanges Krückenlaufen bevor und von Schadensersatz und gar Schmerzengeld ist keine Rede. Von wem soll das auch kommen. Sie glauben doch nicht im Ernst, dass sich dieser Radler noch mal meldet.

Insbesondere Radfahrer halten von den Vorschriften der Straßenverkehrsordnung wenig bis nichts. Disziplin ist ein Fremdwort und das Schöne an der STVO ist, dass sie nur für die Andern gilt.

Nun kann man aber mit einem Fahrrad nicht nur sich selbst umbringen, sondern auch Andere. Und angesichts des aktuellen Standes von Bürgersinn, Anstand und Moral in der Welt und auch in diesem Land kann man mit sozialem Verhalten nur in den wenigsten Fällen rechnen.

Deshalb muss man diejenigen, welche sich nach Übeltaten still klamm-heimlich verdrücken wollen, greifen können.

Und wie soll das gehen bei einem gut trainierten Radfahrer?

Da gibt's nur einen Weg: die Radfahrer kennzeichnen. Alter Hut, meinen Sie, machen die Schweizer und Chinesen schon lange, dort haben Fahrräder Kennzeichen. (Das Unfall-Fahrrad war sowieso geklaut, der Fahrer ist weg.)

Genau das halte ich auch hier für erforderlich, um Outlaw-Biker wieder zu veranlassen, sich normgerecht zu verhalten. Und insbesondere Geschädigten die Möglichkeit zu geben, den Täter zu ermitteln und zur Rechenschaft zu ziehen.

Ja, eine Radfahrer-Kennzeichnung ist mit Kosten verbunden. So ist das nun mal – die Gesellschaft muss als Ganzes für die Missetaten Weniger leiden – das ist der Preis für schlechte Erziehung und miese Moral.

Also Kennzeichnung, auch wenn damit mal wieder Bürokratie verbunden ist. Nicht besonders klug ist es, am Fahrrad ein festes Kennzeichen wie beim Moped oder Auto anzubringen. Das Kennzeichen soll nicht auf das Gerät, sondern den Fahrer bezogen sein – egal mit welchem Rad er gerade fährt.

Dazu gäbe es mehrere Möglichkeiten. Der radfahrende Bürger – auch und gerade die Jugendlichen – bekommt ein lebenslang gültiges Radkennzeichen, welches in Flensburg registriert wird. Dieses Kennzeichen muss er beim Bewegen eines Rades sichtbar tragen oder am Fahrrad befestigen – wahlweise. Dafür gäbe es sehr schnell ganz praktische Lösungen, da bin ich mir sicher.

Was würde das Volk für diese neue Bürokratie und Überwachung bekommen?

viel weniger Unfallfluchten

viel weniger fahrradbezogene Unfälle

weniger Kleinkriminalität

bessere Verkehrsmoral

weniger unbeleuchtete Radfahrer bei Nacht

weniger gestohlene Fahrräder

keine geisterfahrenden Radfahrer in Einbahnstraßen

weniger Rotlichtsünder auf dem Fahrrad

sicherere Fußgängerzonen

Immer wenn Verkehrspolitikern nichts mehr einfällt, wollen sie das Tempo reduzieren und das Fahren verteuern. Dass es auf dem Verkehrssektor noch ganz andere ungelöste Probleme gibt, zeigt dieses Beispiel.

Deshalb werde ich diesen Artikel auch dem Bundesverkehrsminister zur Verfügung stellen.

Montag, März 17, 2008

Antwort des Verkehrsministeriums

Auf meinen Brief bezüglich der erforderlichen Kennzeichnung von Radfahrern bekam ich relativ schnell eine Antwort. Diese hier:

Sehr geehrter Herr
vielen Dank für Ihre Anfrage.

Die Einführung einer Kennzeichnungspflicht für Fahrräder ist in der Vergangenheit wiederholt gefordert worden. Bei Abwägung aller Gesichtspunkte erscheint es jedoch nach wie vor nicht vertretbar, Radfahrern die Kennzeichnungspflicht ihrer Fahrräder aufzuerlegen.

Nach Angaben des Statistischen Bundesamtes gibt es derzeit rund 67 Millionen Fahrräder (mit steigender Tendenz). Wollte man alle Fahrräder der Kennzeichnungspflicht unterwerfen, müsste hierfür ein erheblicher

Verwaltungsaufwand in Kauf genommen werden. Hinzu käme die zeitliche und finanzielle Belastung der Fahrradhalter. Der Verwaltungsaufwand und die Belastung der Fahrradhalter stünden jedoch in keinem angemessenen Verhältnis zum angestrebten Nutzen. Da an einem Fahrrad lediglich relativ kleine Kennzeichentafeln angebracht werden könnten, dürfte eine rasche Lesbarkeit und optimale Identifizierbarkeit der Kennzeichen bei einem schneller fahrenden Fahrrad nicht immer gegeben sein.

Im Übrigen würde mit einer Identifizierung des betreffenden Fahrradhalters über das Kennzeichen noch nicht ohne weiteres der Fahrradbenutzer ermittelt werden können. Eine Identifizierung von Fahrradfahrern, die sich verkehrswidrig verhalten oder Unfallflucht begehen, ist dadurch jedenfalls nicht zu gewährleisten. Diese muss aber verlangt werden, weil nur derjenige zur Verantwortung gezogen werden darf, der die Rechtsverletzung auch tatsächlich begangen hat.

Abhilfe können deshalb nur solche Verkehrskontrollen leisten, bei denen die Fahrradfahrer angehalten und Verstöße mit Bußgeldern geahndet werden. Nach hiesiger Kenntnis werden derartige Kontrollen von den Polizeien der Länder im Rahmen ihrer personellen Möglichkeiten auch durchgeführt.

Die Einführung einer Pflichtversicherung für Radfahrer wäre nur dann zu rechtfertigen, wenn nachgewiesen wäre, dass durch Radfahrer im Verkehr außergewöhnliche Gefahren für Dritte entstehen, und zwar außergewöhnlich zu anderen nichtmotorisierten Verkehrsteilnehmern, die ebenfalls nicht haftpflichtversichert sein müssen, wie z. B. Fußgänger. Auch die gegenwärtig bekannten Unfallstatistiken belegen keine außergewöhnlichen, von Radfahrern verursachte Risiken für anderen Verkehrteilnehmer.

Auch eine Einführung einer Pflichtversicherung für Fahrräder stellt sich nur dann, wenn die wirtschaftliche Leistungsfähigkeit von Radfahrern als Haftpflichtige besonders häufig zur Schadensregulierung nicht ausreichen würde. Dies ist bisher nicht belegt.

Was die Überwachung der Ausrüstung von Fahrrädern gem. StVZO anbelangt, so ist auf die nach dem Grundgesetz bestehende alleinige Zuständigkeit der Bundesländer hinzuweisen.
Dem Bundesministerium für Verkehr, Bau und Stadtentwicklung ist in diesem Zusammenhang bekannt, dass die Polizeien der Länder der Bekämpfung des rechtswidrigen Verhaltens von Radfahrern sehr wohl - insbesondere in einigen Großstädten, wo dem Vernehmen nach spezielle

Fahrradstaffeln der Polizei eingerichtet worden sind - einige Bedeutung beimessen. Allerdings sind die Personalkapazitäten begrenzt und werden deshalb vielfach auf die Hauptunfallursachen zu konzentrieren sein.

Ich wünsche Ihnen alles Gute und verbleibe
mit freundlichen Grüßen
Im Auftrag

Bärbel Grabitzki

Bundesministerium für Verkehr, Bau und Stadtentwicklung
Referat Bürgerservice und Besucherdienst, IFG

Mein Kommentar hierzu:

Wie oft bei Behörden, ist es auch hier: Man hat gar nicht richtig gelesen, was ich vorgeschlagen habe. Das war mir schon klar, dass man Fahrräder nicht kennzeichnen kann, schon von der Menge her. Ich schlage deshalb vor, die Fahrer zu kennzeichnen, hat das Ministerium aber nicht begriffen – oder nicht begreifen wollen.

Über Busse, Straßen- und Eisenbahnen und sonstige öffentliche Verdrusslinien

Samstag, November 11, 2006

Klein-Rentner-Reise 100-Euro-weit

Eine Reportage

„Reisen", sagt meine Frau, „fällt heuer aus. Mangels Masse!" „Ich habe aber für eine Gefälligkeit einen Hunderter bekommen!" „Da wirst du nicht weit kommen!" Das wollen wir doch mal sehen.

Durch die Luft geht's am weitesten. Wer fliegt billig?

Ab ins internet: Ryanair.com: Für den Hinflug nach Dublin nächsten Samstag 59,99 Euro, zurück 29,99. Das geht wohl nicht. Aber mal in vier Wochen probieren: Na bitte: am 30. hin : € 9,99 – am 2. zurück 15,99 Will ich abends der Frau zeigen. „Da schau mal, 26 € nach Dublin". Von wegen, schon weg, der Flug. Kostet jetzt 29.99 hin 59,99 zurück. Mein Lerneffekt: Wer Ryanair bucht, muss hurtig sein und lang im Voraus entscheiden.

Jetzt habe ich aber einen Flug, extrem billig, jedoch 6 Wochen voraus: 10,99 hin und 0,01 € (in Worten 1 Cent!) zurück. Wo geht's los? In Frankfurt-Hahn. Hahn hat mit Frankfurt soviel zu tun wie Stansted mit London – nämlich nichts. Wie kommt ein Rentner von Weinheim ohne Auto zum Abflug 11:40h nach Hahn? Und vor allem: nachts 21:30h von dort wieder heim? Da gibt's passend einen Zubringer-Bus ab Heidelberg (5:30h!), Mannheim oder Worms. www.bbk-barbis.de Der Busunternehmer verspricht sofortigen Einsatz eines Zweitbusses, wenn zuviel Leute an der Haltestelle stehen. Ich will später aufstehen. Ein Rentner hat doch das VRN-Ticket ab 60. Mit der Eisenbahn geht's nämlich auch, über Frankfurt Hbf. (an 7:48) - ab Weinheim 6h49 Damit kann ich bis Zwingenberg fahren und muss (vorher, am Bahnhofsautomaten!) noch 7,60 zuzahlen. Der Frankfurter Hahn-Bus (Fa. Bohr) steht vor der Hausfront an der rechten Seite des großen Parkplatzes, ist aber nur erreichbar, wenn man flott marschiert: Hbf-Südausgang, rechts rum 200m geradeaus, dann links entlang der Häuserfront.

Ein Koffer-Mitflug kostet 7.- das kann man aber sparen, wenn man alles ins Handgepäck schafft (55x40x20 cm max 10kg) und muss dann nicht Schlange stehen – online boarding - und kriegt im Flieger dann die besten Plätze zum Aussuchen. Aufpassen: Nichts einpacken, was zu einem Massaker im Flugzeug geeignet wäre: Nagelschere zum Beispiel. (Tipp: Platzreihe am Notausgang überm Flügel. Kriegen nur Rüstige. Erklären, man sei Hobbypilot und will am

Notausgang sitzen. Klappt immer und ist dann richtig fußfrei.

Nach dem Katzensprung nach Irland besorge ich mir sofort am Schalter des Tourist-Office das 3-day-Rambler-Ticket. (€ 10,50) Damit kann man die Dublin-Busse - es gibt vermutlich Tausende davon, beliebig benutzen. Ein Besorge-Muss: The Main Guide to Dublin Bus Services. Das System ist nämlich kryptisch und es gibt keine Haltestellenansagen. Busse stoppen an der Haltestelle nur, wenn man winkt oder innen den Knopf drückt.

Versuchen Sie nicht, gälische Namen auszusprechen. Hier ein Versuch: Dun Laoghaire

ist ein solches Ziel. Aussprache, na wie? „Don Liery"

11 Euro Reisepreis stimmt natürlich nicht ganz: Gebühren sind 13,94 + 20,64 + Bankgebühr, insgesamt werden abgebucht (geht nur online!) 50,58

Dazu kommen die Busfahrten ab Frankfurt hin 12,00 und zurück nach Heidelberg Hbf = € 18.--

Das sind dann summa-summarum 102,08 (ab Weinheim: € 109,68)

Also für *den* Preis kommt man selbst mit dem Fahrrad nicht bis an die Kanalküste (und zurück). Dann wäre da ja auch noch eine ausgiebige Wasserstrecke.

„Nun", sagt meine Frau, „und wo legst du dein müdes Haupt hin?"

Also das ist ein Problem in Dublin, besonders für alleinreisende Kleinrentner wie mich. Ich versuch's mal online. Bed & Breakfast-Dublin oder ähnliche Seiten. Nach einigen längeren Internet-Sitzungen merke ich, dass Privatangebote praktisch nicht im Web stehen – das ist alles irgendwie kommerziell. Es gibt Unterkunft eigentlich nur als Doppelzimmer mit Aufschlag als „single room" : so ab ca. 50 € /Nacht. Hotels wage ich gar nicht zu fragen, als rüstiger Rentner scheue ich mich aber nicht, mal in einem „hostel =Jugendherberge" anzufragen. Ja, da gäb's schon was, zentral gelegen, ein „8-person-dorm" ab € 19.- /Nacht. Nein, lieber doch alleine schlafen.

Ich finde online praktisch nichts unter 50 € und entschließe mich, angesichts meiner Sprachkenntnisse einfach mal hinzufliegen und sehen, was es vor Ort gibt. Tatsächlich bekomme ich übers Tourist-Office am Flughafen Dublin sogar ein Hotelzimmer, verkehrsgünstig gelegen, reduziert, für 45 €uronen pro Nacht, brauchbar, inklusive Frühstück aber schon mit stark gebremstem Komfort.

Einen (vermutlichen) Touristen habe ich gesehen, wie er im St.-Stephens Park – also mitten in der Stadt – sein Zelt und Schlafsack im nassen Gras heimlich hinter einer Hecke (die haben das wohl nicht so gerne dort) zusammenpackte. Wäre ja auch ne Möglichkeit. Was sonst so die Kosten anbelangt, kann man sich eine leichte Vorstellung machen an diesem Beispiel: Ein Hamburger in einem bekannten „Schnellfress" (M) kostet hier zur Zeit 1 Euro, das identische Gegenstück dort: 1,60 So ist es mit allem. Für Diabetiker-II, eine gängige

„Option“ als Rentner, ist die Gegend ein wirkliches No-Go-Land. Überall nur Weißbrot, weiß-Zucker und sonstiges Süßzeug – und ganz erstaunlich: nirgends gibt’s Fisch. Dafür aber ’ne Pizza Magherita für gerade mal schlappe 12 Euro. Nein, nicht im Plaza-Hotel, sondern einer Bruchbude am Straßenrand. Man zähle auch seine Barschaft, bevor man seinen Frust im Alkohol ertränken will: ein Pint „LAGER“ kostet 3,50, das bekannte Guinnes mehr und ganz happig wird’s bei Flaschenbier: In einem Kaufhausrestaurant in der Henry-Street kostet das 0,33 l-Fläschchen freche 4 € 20! Das sei normal, meint die Verkäuferin. Aha.

Ich versuche, den Namen einer klotzigen Kathedrale zu erfahren: Zehn Passanten wussten ihn nicht, davon waren sogar drei Iren. Man trifft sehr gerne Spanier, Polen, Litauer, Jugoslaven, Chinesen, Afrikaner und gelegentlich sogar Iren, besonders in meinem Alter. Ein solcher wusste den Namen. Er sagte ihn mir auf Gälisch. Im Stadtführer steht: Pro-Cathedral. Ach so, fast hätte ich es vergessen: Wer sagt, er sei Deutscher, löst bei Iren sofortige Begeisterung aus!

Mittwoch, Oktober 07, 2009

Bahn wird noch teurer

Wie ich heute habe hören müssen, will die Bahn ab dem Fahrplanwechsel mal wieder die Preise erhöhen.

Dafür fehlt mir jedes Verständnis. Denn in letzter Zeit sind die Züge - und insbesondere die Nahverkehrszüge, wirklich gut ausgelastet und zwar zu (fast) allen Tageszeiten. Mehr Kunden bedeuten höhere Einnahmen.
Außerdem lässt sich die Bahn den Regionalverkehr auch noch von den anliegenden Gemeinden bezahlen, die ja ein Interesse daran haben, dass möglichst viele Bürger mit der Bahn, statt mit dem Auto fahren.

Ich bin der Meinung, dass eine Bahn kostendeckend fahren muss, aber nicht als Privatunternehmen betrieben werden darf, das eine möglichst hohe Rendite abwirft. Ich weiß, dass die FDP, welche die Deutschen ja glauben, als Regierungspartei zu benötigen, da ganz anderer Ansicht ist.
Vermutlich wird jetzt wieder versucht, das Unternehmen an die Börse zu bringen, koste es den Bürger was es wolle.
Außerdem meine ich, dass andere Gewinnspielchen, welche die Bahn im Ausland betreibt, unzulässig sind, zumindest dürfen dort eingefahrene Verluste nicht von deutschen Bahnkunden bezahlt werden müssen.

Was kann man aber machen?
Manchmal ergibt es sich, dass es billiger ist, für eine Reise das Flugzeug zu wählen. Außerdem gibt es Mitfahrzentralen, wo man sich leicht mal eine preiswerte Passage besorgen kann.

Im Übrigen: Wenn die Bahn wenigstens ihre Qualität verbessern würde, könnte man ja die Preiserhöhung ertragen. Aber von der ehemals gerühmten Pünktlichkeit ist die Bahn zur Zeit weit entfernt, die Bahnhöfe sind teilweise vergammelt, Zugtoiletten können auch nicht in Funktion gehalten werden, als Behinderter im Rollstuhl kann man zu vielen Bahnhöfen überhaupt nicht fahren.

Die Bahn hat auch eine soziale Funktion. In Norwegen hat man das erkannt: alle öffentlichen Verkehrsmittel kosten für Leute über 67 nur noch die Hälfte.

Mal sehen, wer jetzt Verkehrsminister wird. Den kann man dann ja öfter mal anschreiben.

Montag, November 02, 2009

Die Bahn - der freundliche Serviceleister. Ha,ha!

Aus gegebenem Anlass stelle ich heute mal eine E-Mail-Kopie hier in den Blog.

An die
Nahverkehrsgesellschaft Baden-Württemberg (NVBW)
Wilhelmsplatz 11
70182 Stuttgart

Sehr geehrte Damen und Herren,

Nachdem ich einige Zeit vergeblich damit verbracht habe, bei der Deutschen Bahn einen lebenden Menschen als Ansprechpartner für eine berechtigte Beschwerde zu finden, bin ich jetzt (mit etwas Verspätung) von der Initiative "Pro Bahn" auf Ihre Anschrift hingewiesen worden.

Folgender unglaublicher Vorgang sollte bei den zuständigen Personen beanstandet werden:

Am Freitag, den 21.10.09 lief der RE 4839 ab Mannheim 14:34 mit 3 Minuten Verspätung um 15:55 in Heilbronn Hbf. ein. Der Anschlusszug nach Stuttgart stand nicht am gleichen Bahnsteig, (wie es eigentlich vernünftig wäre!) sondern auf Gleis 5 und fuhr tatsächlich pünktlich um 15:56 ab, ohne sich um die heranhastenden Fahrgäste zu kümmern. Außer mir waren schließlich noch mehr als 25 weitere empörte Bahnkunden auf dem Bahnsteig 5 versammelt. Einige davon haben ihre Adresse auf meinen pda gesprochen, das Soundfile ist dieser Email angefügt.

Zu diesem Verhalten der Bahn fällt einem nichts mehr ein. Wegen 1 oder 2 Minuten dutzende von Fahrgästen stehen zu lassen, ist eigentlich schon der Gipfel der Unverfrorenheit, insbesondere weil dieser Lokalzug nun wirklich nicht zeitsensibel ist und außerdem solche geringfügigen Verspätungen vermutlich wieder eingeholt werden können.
Warum der RE aus Mannheim Verspätung hatte, war mir nicht ersichtlich, vielleicht haben die Bahnbediensteten bei der vorher gegangenen Trennung der Züge in Neckarelz gebummelt.

In Heilbronn - habe ich gehört - sei der verantwortliche Beamte nicht bereit, Züge aufeinander warten zu lassen. Das ist mir ein halbes Jahr vorher mitten in der Nacht auf dem gleichen Bahnhof schon einmal passiert - es ist also wahrscheinlich ein personenbezogenes Problem. Vielleicht sollte man dieser Person mal einen Kursus über Kundenservice verpassen.

Unabhängig von diesen Vorgängen möchte ich auch einmal auf einen Vorgang im Bahnhof Mannheim hinweisen: Dort fuhr ein verspäteter RB in Richtung Heidelberg etwa 30 Sekunden (!) vor einem pünktlichen RE in der gleichen Richtung aus dem Bahnhof. Das führte dann dazu, dass der RE mehrfach vor geschlossenen Signalen warten oder ganz langsam fahren musste, weil der RB auf dieser kurzen Strecke immerhin 4 mal anhalten muss - der RE jedoch überhaupt nicht.
Da fragt man sich, ob die zuständigen Leute der Verkehrsleitung noch bei Sinnen sind.

Mittwoch, Juli 28, 2010

Bahn-brechende Bauvorhaben

Am Wochenende konnte ich mal wieder das Leben in vollen Zügen genießen. Das betraf insbesondere die Strecke Stuttgart – Ulm – Ravensburg mit dem IRE Stuttgart-Lindau.

Dieses „Zügle" im wahrsten Sinne des Wortes, weil's nur 3 Doppelstockwaggons führt – war wie immer proppevoll. Fragt man sich als Fahrgast: Hat die Bahn so wenig Waggons, dass sie für diesen Zug nur 3 Stück übrig hat?
Keineswegs. Der Grund liegt woanders. Denn die Strecke ab Ulm hat keine Elektrifizierung und die schwachbrüstige Diesellok schafft es nicht, zusätzlich zur Bewegung die anspruchsvolle Elektrik (z.B. Klimaanlagen) von mehr Waggons durchzuziehen.
Und der Hintergrund? Obwohl seit Jahrzehnten gefordert, ist kein Geld da für den elektrischen Ausbau der Bodenseestrecke –
die erforderlichen Oberleitungen können von der Bahn nicht bezahlt werden.

Macht nix – Passagiere sind ja pressbar.

Vor diesem Hintergrund ist der Ausbau der ICE-Strecke Stuttgart-Ulm besonders delikat. Jetzt hat man einen „geringfügigen“ Planungsfehler in Höhe von lediglich fehlenden 865.000.000 € entdeckt – „weil man die vielen Tunnels nicht berücksichtigt hatte“. Ja da schau her, Tunnels braucht man da – na wer kommt auch schon angesichts der Schwäbischen Alb auf so einen Gedanken?
Aber macht nichts – die Allgemeinheit wird's schon aufbringen – da muss die Strecke zum Bodensee halt noch ein wenig warten.
Man sollte auch mal überlegen: Wer muss eigentlich per ICE um eine ¼ Stunde schneller nach Augsburg oder München?
Ich glaube, die Bahn will nur dem Luftverkehr mal zeigen, wo der Hammer hängt.

Ganz zwanglos fällt mir da der Hauptbahnhof Stuttgart ein „Stuttgart 21“ wo sich jetzt herausstellt, dass der Durchgangsverkehr auch nicht besonders schneller sein wird – mangels Raum für Gleise zum Beispiel.
Aber darum geht's wahrscheinlich gar nicht. Was ich vermute ist, dass man scharf auf die Grundstücke ist, welche dann mitten in der Stadt frei werden. Frei werden wofür? Nein, natürlich nicht für Wohnungen, sondern für weitere dann unvermietbare Bürobauten.

Was mich interessieren würde: Wie würde wohl eine Volksbefragung der Stuttgarter Bürger ausgehen? Ist denn niemand da, der so was mal anleiert?
Aber vielleicht macht das deshalb niemand, weil die Politiker sich sowieso einen Dreck darum scheren, was das Volk will.

Fahrtipps helfen oft

Sonntag, Juli 15, 2007

Fahrtipp: Verständigung

Erstaunlich, wie gut sich Autofahrer durch Zeichen verständigen können, wenn sie nur wollen. Hier ist ein kleines Zeichenbrevier:

Zuerst das Große "E", als wichtigstes internationales Zeichen für Entschuldigung, = Excuse me, dargestellt durch 3 ausgestreckte Finger.

"Danke sehr" zeigt man durch deutliches, freundliches Kopfnicken. Das ist besser, als durch einen Wink mit der ganzen Hand, damit nicht der Irrtum des wieder Winkes entsteht. Das ist besonders gefährlich nach Verzicht auf die Vorfahrt. Wer aber durch einen Wink auf seine Vorfahrt verzichtet, muss definitiv stehen bleiben, auch wenn der andere wieder winkt. Der Wartepflichtige kann übrigens in dieser Situation nicht winken, schließlich kann man nur verschenken, was man hat, aber: Schnelle Kopfbewegung von unten nach oben heißt "Losfahren".

Dem Entgegenkommenden gezeigte Hand mit allen gespreizten Fingern, heisst "Radarfalle" 50 fahren und ist im Gegensatz zum Lichthupen-Blink nicht verboten. Dem Hintermann gezeigte ganze Hand ohne gespreizte Finger, heißt :"ich habe Ihre Überholabsicht erkannt, es geht aber noch nicht".

Kurzes Antippen der Bremse mit dem linken Fuß - also ohne das Gas wegzunehmen heißt: "Mehr Abstand bitte!"

Rhytmisches Öffnen und Schließen der Faust bedeutet: "Blinker überprüfen"
Mehrmaliges Zudecken des Innenspiegels bei Nacht mit der Hand bittet um Abblenden.

Steht man als Linksabbieger auf der Kreuzung und der Gegenverkehr blinkt kurz mit der Lichthupe auf, bedeutet das: "Losfahren, ich warte"

Schaltet der Gegenverkehr nachts das Licht kurz aus und wieder an, so will er damit sagen: "Freund, Du hast vergessen Licht einzuschalten!"

Und der gestreckte Mittelfinger (Effenberg!) ist eine Beleidigung und kostet richtig Strafe. Ein Zeuge, der es bestätigen kann, genügt zur Verurteilung.

Montag, Juli 30, 2007

Fahrtipp: Die Frau am Ersatzrad

Noch ist die Zeit der Reifenpannen nicht ganz vorüber. Und kein Naturgesetz beschränkt derartige "Plattfüße" nur auf die von Männern gesteuerten Autos. Gemeinerweise treten diese Tücken des Objektes auch regelmäßig am ungelegensten Ort, (vorzugsweise fern jeder Ansiedlung) und zum denkbar ungünstigsten Zeitpunkt (nachts um Eins bei strömendem Regen) auf.

Nun kann die kraftfahrende Dame mit technischer Unbekümmertheit den "Plattfuß" einfach ignorieren und versuchen, die nächste rettende Tankstelle dennoch zu erreichen. Dieses Vorhaben wird sie aber spätestens dann aufgeben, wenn sich der leere Pneu soweit von der Felge heruntergewalkt hat, dass der Wagen auf Ebendieser laut scheppernd einher hinkt.

Kostet es auch Überwindung, der erste Schritt in Richtung Reserverad muss getan werden, will man nicht im Auto übernachten.
Erwartet die Chauffeuse nun einen Andrang hilfsbereiter männlicher Automobilisten, so steht ihr insbesondere bei Regen oder Kälte eine herbe Enttäuschung bevor. Selbst durch die Feststellung, dass der letzte Kavalier wohl schon im ersten Weltkrieg gefallen sei, ist besagte Panne noch nicht behoben. Es empfiehlt sich also, die möglichst reparatur-behandschuhte Hand selbst anzulegen. Die Zeit, welche man zum Herauskramen des Ersatzrades benötigt, verfliegt schneller, wenn man sich dabei Gedanken über den Automobilkonstrukteur macht, der für die Unterbringung dieses Rades verantwortlich war. Zierlichere Persönchen können sich bei dieser Gelegenheit erstmals wundern, welches Gewicht ein simples Autorad hat. Vor das Aufbocken mittels Wagenheber haben aber die Autogötter das Lösen der Radmuttern gesetzt. Die Radmuttern ihrerseits verstecken sich oft unter der verchromten Radkappe, welche so ordentlich fest auf die Felge aufgeklemmt ist, dass sie einer unkundig werkelnden Damenhand mühelos widersteht.

Im Werkzeug findet sich zu diesem Zweck entweder ein eiserner Hebel mit abgekröpftem oder abgeflachtem Ende oder eine Art starker Draht mit zwei umgebogenen - Enden oder gar kein besonderes Werkzeug. (Da hat dann die Werksleitung gemeint, man könne den beiliegenden Billigschraubenzieher dafür benutzen.)

Ist dieser komische Draht beim Werkzeug, dann hat die Radkappe irgendwo zwei kleine Löcher, in welche man die Enden des Drahtes einsteckt und dann kräftig zieht. Die Betonung liegt auf "kräftig"und man achte auf ein richtig platziertes Standbein. Hat man nur bewussten Schraubenzieher, so steckt man diesen zwischen Zierkappe und Rad und dann: d r e h e n. Machen die Handgelenke die Anstrengung nicht mit, dann den Schraubenzieher so in die Ritze zwischen Rad und Felge stecken, dass man ihn mit einem Fußtritt gut erreichen kann. Diese Behandlung überzeugt meist alle Radkappen, dass sie ihren Platz verlassen müssen.

Jetzt blicken Ihnen die Radmuttern erwartungsvoll entgegen und wir hoffen, dass Sie einen ordentlichen Radmutternschlüssel (ohne eingerissenes Maul!) oder ein stabiles Radkreuz besitzen. Radmuttern gehen linksrum auf! Manche Eva wird jetzt aber die betrübliche Feststellung machen, dass die Radmuttern trotz gutem Werkzeug aber doch nicht aufgehen. Die machen sozusagen überhaupt keinen Muckser! Das liegt an Herrn Korbinian Fuchslechner, Autoschlosser seines Zeichens, welcher Radmuttern verantwortungsbewusst nur mittels Schlagschrauber elektrisch festzieht.

Zum Öffnen hilft nur rohe Kraft, und ein hilfsbereiter, trainierter Athlet steht ja leider nicht zur Verfügung. Findige Damen erinnern sich in solchen Fällen an das beliebte Schulfach Physik und den Begriff "Kraft mal Hebelarm". Jede Menge Kraft hat man mit dem Wagenheber und weil dieser ja noch nicht am Auto angesetzt ist, wirkt er hier als Problemlöser. Man steckt nun nämlich den Radschlüssel einfach so auf die Muttern, dass er waagrecht steht. Dann dreht man den Wagenheber soweit herauf, bis er gerade unter dem Handgriff festklemmt. Wenn man nun etwas weiterdreht am Wagenheber, bricht entweder der Schlüssel ab oder die Mutter ist offen. Ein etwas umständliches Verfahren, Radmuttern zu lösen, zugegeben, aber die einzig wirksame Methode, wenn es am Bizeps fehlt. (Man muss dabei übrigens sehr vorsichtig sein: unbedingt den Kopf weit vom Geschehen weghalten, falls der Schlüssel unter dem großen Druck wirklich bricht, springt er nach oben davon. Vielleicht ist das Einstecken des Schlüssels und danach mit dem Auto nach rechts ganz vorsichtig vor- oder zurück fahren, besser. Wenn der lange Schlüsselgriff an den Boden kommt, dreht sich die Schraube links rum und ist auf.

Wie und wo Wagenheber angesetzt werden müssen, steht in der Betriebsanleitung. Zur Beachtung: fast immer werden sie schräg angesetzt. Setzt man ihn senkrecht an, drückt er sich beim Hochkurbeln gerne seitlich in die Karosserie ein - und das kommt teuer! Eine sehr interessante Erfahrung macht die Kraft-Fahrerin dann noch, wenn bei abgenommenem Rad das Auto mit den übrigen drei Füßen einen kleinen Schritt macht, weil die Handbremse nicht richtig angezogen oder kein Keil vor den Rädern war - und vom Wagenheber herunterplumpst. Schon klingelt beim nächsten Abschleppdienst die Registrierkasse.

Lustig ist auch, wenn auf weichem Boden der Wagenheber allmählich in der Erde verschwindet, während das Auto ruhig stehen bleibt. Ein unterlegtes Brettchen verhindert solches zuverlässig. Der Wagen sollte übrigens nicht zu hoch geliftet werden, sondern nur soweit, bis das Reserverad gerade auf die Schrauben aufgeschoben werden kann. Dadurch vermeidet man das sehr anstrengende Heben des Ersatzrades, was umso unangenehmer ist, weil man dabei in die Hocke gehen und das Rad mit ausgestrecktem Arm stemmen muss. Wenn am Schluss die Radmuttern auch nur mit "Fraueskraft" wieder angezogen werden, kann sich das Rad dennoch nicht lösen. Es sollte wirklich "gezogen" und nicht am Hebel gedrückt werden, sonst läuft man Gefahr, sich das Handgelenk zu brechen, wenn der Schlüssel einmal abrutscht. Die Radkappe lässt eine Frau zweckmäßigerweise vorerst im Kofferraum, weil sie mit sehr kräftigem Schlag aufgepresst werden muss. Das kann man, ebenso wie das Nachziehen der Radmuttern, später einem Reifenwart überlassen. Abschließend ein Tipp: es ist viel leichter, diesen Vorgang bei schönem Wetter erst einmal auf dem Hof zu üben, als ihn bei Nacht und Regen gleich können zu müssen.

Samstag, Januar 10, 2009

Fahrtip: Gute Autofahrer lässt der Winter kalt

Wer morgens erst mal Eis kratzen muss, ist selber schuld. Wahrscheinlich war er nur zu faul, einen Pappkarton oder eine Folie oder wenigstens ein Stück Zeitung unter die Scheibenwischer zu klemmen.
Weil Dumm- und Faulheit grundsätzlich bestraft wird, reißt er jetzt mit dem Eiskratzer auch noch die festgefrorenen Scheibenwischer vom Glas, anstatt sie mit dem Türschlossenteiser aufzutauen und braucht sich auch nicht zu wundern, wie teuer doch ein Satz Scheibenwischer ist.

Aber vermutlich muss er doch mit der Straßenbahn zum Autoteilehändler fahren. Denn selbst wenn er mangels Türschlossenteiser das zugefrorene Türschlosses doch auf bekommen hat (wahrscheinlich ist er auch Raucher und hat ein Feuerzeug dabei, zum Schlüssel heizen) und es dann mit kräftigem Ruck auch geschafft hat, die Gummidichtungen aus der Türe zu reißen, hatte er doch nicht damit gerechnet, dass die eiskalte Batterie den Anlasser nicht schafft.

Er hätte zwar abends die Batterie mal eben ausbauen (erst Minus-Pol lösen!) und daheim neben die warme Heizung stellen können - aber wie gesagt: die Bequemlichkeit.

Dussel kommt aber trotz laufendem Motor nicht weg, weil ein Antriebsrad in einem Eisloch steht und lustig durchdreht, während das andere Rad still steht. (Wer hat auch schon eine Differenzialsperre?)
Die darunter gelegte Fußmatte fliegt mindestens 5 m weit. Ein Karton mit Streusand kommt schließlich auch nicht von alleine in den Kofferraum. Mit einer Schneekette wollte sich Dussel noch nie anfreunden, denn da hätte man erst einmal lernen müssen, wie man sie anwendet.
Dafür steht er jetzt am ersten glatten Berg und ruft kläglich nach Leuten, die schieben helfen sollen - weil nämlich erstaunlicherweise der Vorderradantrieb am Berg nicht so besonders gut ist. Auf die Idee, das Auto rückwärts herauf zu fahren, kommt der sowieso nicht.

Aber wie gesagt, vermutlich fährt Dussel mit der Straßenbahn, besonders wenn sein Auto einen Dieselmotor hat. Denn wenn es richtig kalt wird, so 20 Grad Minus oder so, wird selbst der Tankstellen-Winterdiesel dick und dass man bei einer Tankfüllung auch 5 l Benzin dazu gießen kann, hat er natürlich gar nicht gewusst.

So ist es halt - nur gute Autofahrer lässt der Winter kalt.

Montag, April 28, 2008

Fahrtipp der Woche: Insekten

In den Sommermonaten schwirrt so manches Getier in der Luft herum. Und viele dieser Insekten beenden ihr Leben abrupt an einer flott dahineilenden Windschutzscheibe. Vielleicht haben Sie es selbst schon bemerkt: bis zu etwa 8Okm/h bleibt die Scheibe relativ sauber, während bei höherem Tempo die Insekten fast geschwaderweise aufprallen. Das kommt daher, dass anfangs die Tiere mit der Luft über das Auto hinweg gerissen werden, was bei höherer Geschwindigkeit auf Grund der Massenträgheit nicht mehr der Fall ist.
Nun beeinträchtigen die Insektenleichen auf der Scheibe die Fahrsicherheit kaum - solange es nicht zu regnen beginnt. Dann aber wird es äußerst unangenehm, besonders bei Nacht. Schon mit ein paar zerquetschten Mücken erzeugt der Scheibenwischer eine derartige Schmiere, dass man schier nicht mehr hindurch sieht. Da hilft auch keine Scheibenwaschanlage, nicht einmal ein Platzregen bringt viel Sauberkeit. Was im Winter der Eiskratzer, ist im Sommer ein harter Fliegenschwamm! Damit sollte man die leicht angeregnete Scheibe säubern, und zwar bevor man den Wischer einschaltet. Das bringt nicht nur gute Sicht, sondern spart auch Geld. Weil die Wischerblätter länger leben.
Übrigens: Stechinsekten im Wagen sind ebenfalls ein Grund zum Halten. Immer.

Mittwoch, Januar 14, 2009

Fahrtipp: Kleine "Schleuder-Schule"

Die Zeit ist gekommen, in der man dem bekannten Warnschild "Schleudergefahr" erhöhte Aufmerksamkeit widmen sollte. Wenn auch das, was in den nächsten Zeilen gesagt wird, einem "alten Hasen" nichts Neues mehr ist, weil er im Laufe der Jahre genügend eigene Erfahrungen - manchmal auch sehr böser Art - hat sammeln können. Doch gibt es in jedem Winter Leute, die sich erst mit den Tücken rutschiger Straßen vertraut machen müssen.

Wenn ein Auto ausrutscht, dann weiß man meist nie, wie eine solche Rutschpartie endet. Deshalb sollte ein Kraftfahrer die Voraussetzungen schaffen, welche die Wahrscheinlichkeit, ins Rutschen zu kommen, so gering wie möglich halten. Diese Voraussetzungen sind

1.Technischer Art: Tadellose, griffige Bereifung, möglichst auf allen Rädern Reifen gleicher Art (Nein, ungleiche Reifen sind nicht verboten, solange es sich dabei um das Profil handelt, nur ungleicher Grundaufbau: also Gürtelreifen und Diagonalreifen dürfen nicht gemischt werden.) Optimal wären 4 Wintergürtelreifen mit mindestens noch 4 mm tiefem Profil. Gleichmäßig ziehende Betriebsbremse, dito Handbremse (welche sehr oft ungleichmäßig greifen!) Alle haben heute natürlich ein ABS, das Anti-Blockier-System. Wirksame, nicht ausgeleierte Stoßdämpfer. Zusätzliche Belastung des Kofferraumes, wenn dadurch auch der Benzinverbrauch geringfügig steigt. Geeignet dafür sind Sandsäcke, aber auch Kartons mit Altpapier (womit man aber im Notfall nicht streuen kann), welche möglichst genau auf der Achse liegen sollten.

2. Die genaue Fahrbahnbeobachtung: es darf gar nicht passieren, dass man sich "unverhofft" auf Glätte befindet. Das lässt sich vermeiden, indem man jede Veränderung im Aussehen der Fahrbahndecke beachtet (dunklere oder glitzernde Stellen etc.) Bei Nässe kann man das linke Fenster ein wenig öffnen: wenn die Reifen nicht mehr zischen, sind Sie auf Eis.(Merke:Eis läuft leis!)

3. Mitdenken: Wo ist Schatten, wo hat es tagsüber getaut und ist bei Nacht wieder festgefroren, wo bläst der Wind besonders gut hin, wo sind Brücken?

4. Die angepasste Fahrtechnik: auf Glätte entweder bremsen oder lenken – ohne ABS sowieso - wenn's richtig glatt ist, auch mit ABS, viel größere Abstände zum Vordermann, nicht mit zu großer Geschwindigkeit in unübersichtliche Stellen hineinfahren (Klassische Situation: Vor der Kurve trockene Fahrbahn, in der Kurve Glatteis und dann Gegenverkehr!!) Äußerste Vorsicht im Gefälle! Vorher zurückschalten! Manche Gefälle werden bei Glätte unbefahrbar, was man aber vorher wissen muss! Wenn das dennoch einmal geschehen sollte: Ist der Auslauf des Gefälles frei, kann es noch gut gehen, ist er nicht frei oder nicht einsehbar, dann hilft nur noch die Karosseriebremse: mit der (möglichst) rechten Seite flach ran an den Berg, dass die Funken stieben. Klar wird das teuer, aber Sie wollen doch weiterleben? Und wenn's rechts keinen Berg gibt? Beten. Vor dem Abgrund, rausspringen.

Trotz aller Vorsicht und bestens für den Winterbetrieb hergerichtetem Auto kann man ins Schleudern geraten. Wie kommt es nun dazu? Obwohl viele Fahrer anderer Meinung sind: durch Bremsen auf glatter Fahrbahn gerät man fast nie ins Schleudern, immer jedoch ins Rutschen. Das ist ein Unterschied. Ein rutschendes Auto bewegt sich nämlich gradlinig in der bisherigen Richtung weiter, wenn man Pech hat, bis zum leider nicht zur Seite springenden Alleebaum. Das ist begründet in der "Trägheit der Masse", wie der Physiker sagt. Ein schleuderndes Auto jedoch fährt erst Zick-Zack und dann Karussell. Und das wird hervorgerufen durch mehr Gas als die Antriebsräder vertragen (beim Hinterradantrieb) oder durch plötzliche Lenkeinschläge. Solche Lenkeinschläge kommen zustande, wenn die Straße gewölbt ist oder - besonders berüchtigt - vereiste Längsrillen aufweist.

Wer das nicht glaubt, kann sich leicht von der Richtigkeit überzeugen: Er suche sich einen großen leeren (!) Parkplatz, der schön schneeglatt ist. Sanft Anfahren und allmählich auf ca. 30 km/h beschleunigen. Dann auf den 3. Gang schalten, schnell einkuppeln und Vollgas geben, dazu noch die Lenkung leicht einschlagen. Es gibt kein Auto mit Hinterradantrieb, das dann nicht hinten wegwischt. Übertragen auf normale Straßenverhältnisse bedeutet das: Mit dem Gas auf glatter Straße noch viel vorsichtiger umgehen, als mit der Bremse! Gas zurücknehmen, sobald die Antriebsräder durchdrehen, denn das ist die erste Phase des Schleuderns. Nur mit Fingerspitzengefühl lenken. Es ist jedem zu empfehlen, so das Winterverhalten seines Wagens kennen zu lernen. Auf leerem Parkplatz gefahrlos, aber es sollten sich unter dem Schnee keine Randsteine oder andere Erhebungen verstecken. Denn wenn man da seitlich dran rutscht besteht Überschlaggefahr oder das Fahrwerk wird beschädigt. Die Übung hat den Zweck, einmal zu sehen, wie das ist, wenn das Auto Karussell fährt.

Weil es auf der Straße gar nicht soweit kommen darf, übe man, wie das Schleudern zu verhindern ist. Das geht so: man fahre einen Kreis von ca. 40 m Durchmesser und versuche, allmählich auf immer höhere Geschwindigkeiten zu kommen, bis das Auto "weggeht". Dann kommt es darauf an, bei dieser Grenzgeschwindigkeit den Wagen mit vorsichtigen Gegenlenkbewegungen doch in diesem Kreisbogen weiterzufahren, ohne dass er vollends ausbricht. Denn genau das ist es, was man auf der glatten öffentlichen Straße können muss, wenn man versehentlich zu schnell in eine Kurve hineingeraten ist.

Nun haben viele Autos heute Vorderradantrieb. Zunächst ist das ein Vorteil, denn die Schleudereinleitung durch durchdrehende Antriebsräder wie beim Heckantrieb entfällt. Das Auto zieht also immer hübsch hinter den angetriebenen Lenkrädern her. Sollte man meinen. Ist auch so, bis diese Räder den Halt verlieren. Wenn man dann das Gas stehen lässt, wird das Fahrzeug unlenkbar und verlässt voraussichtlich auf geradem Wege die Kurve! Wenn man daran geglaubt hat, dass der Wagen durch eben diese Kurve dank Vorderradantrieb hindurch gezogen wird, ist die Überraschung komplett. Auch hier gibt's noch Abhilfe durch bewusstes Einleiten einer Schleuderbewegung per Handbremse und Lenkeinschlag. Aber das ist wirklich etwas für Profis der Rallye Monte Carlo.

In der Praxis wird jedoch der Kraftfahrer von seinem schleudernden Auto so überrascht, dass er die notwendigen Korrekturen am Lenkrad zu spät und vor allem viel zu heftig ausführt. Das Resultat ist ein wild von einer Seite auf die andere schleuderndes Auto und das bittere Ende ist oft in Form eines Entgegenkommenden fast unausweichlich. Hier kann manchmal die Rettung sein, wenn man den Wagen bewusst weiterdrehen lässt. Denn dabei bleibt er doch etwa in der Fahrtrichtung (Trägheit!) und verliert auch sehr schnell an Geschwindigkeit. Das erreicht man so: Räder voll in Schleuderrichtung einschlagen und Vollbremsung.
Niemandem ist zu wünschen, je in eine solch haarsträubende Situation hineinzugeraten und das ist auch recht unwahrscheinlich, wenn man sich an die anfangs erwähnten Voraussetzungen für die winterliche Fahrweise hält.

Mittwoch, Februar 18, 2009

Fahrtipp: Vernebelt

Über Mangel an Nebel können wir uns hier im Herbst oder Frühjahr ja nicht beklagen. Besonders unangenehm ist Nebel bekanntlich dann, wenn man noch eine lange Fahrt vor sich hat und muss diese dann im Nebel und womöglich auch noch bei Nacht durchführen.
Ich fahre gerne nachts, besonders wenn ich eine lange Überlandtour vor mir habe. Dann ist der Verkehr nicht so dicht, man bleibt nicht so sehr in den Ortschaften hängen, überhaupt gibt' s weniger Ärger und man kommt schneller voran. Den Start lege ich dann so auf 5 Uhr morgens. Aber dann bei Nebel fahren? Nein, danke.

Kann man nun abends schon feststellen, ob es in der Nacht auf der vorgesehenen Strecke Nebel geben wird? Jawohl, man kann. Dazu muss man nicht einmal unbedingt die Wetterkarte gesehen haben. Schauen Sie abends zum Himmel. Ist dieser klar und führt Ihre Strecke hauptsächlich durch Täler (auch Hochtäler), so bleiben Sie besser zuhause. Das gilt auch dann, wenn der Wetterbericht den Durchzug einer Warmfront ansagt, denn da gibt es diesiges Wetter mit Nieselregen, im Winter Schneetreiben. Bemerken Sie jedoch eine hoch liegende, geschlossene Wolkendecke, so wird es auch nachts keinen Nebel geben. Meistens fahre ich natürlich nicht so weit fort, dass ich einen Generalstabsplan ausarbeite.

Dann erwischt mich der Nebel einfach irgendwo. Ganz plötzlich. Selbstverständlich fahre ich weiter, stelle aber augenblicklich meine Fahrtechnik um. Das Allerwichtigste: ich tue alles, damit mich die anderen sehen. Also Licht einschalten, und zwar das richtige, das Abblendlicht, auch am Tage. Man sollte es nicht glauben, aber es gibt noch immer Autofahrer, die nur das Standlicht oder gar kein Licht einschalten, wenn es neblig ist. Wollen die eigentlich Strom sparen oder ist das nur Gedankenlosigkeit? Wer bei Nebel nur sein Standlicht einschaltet, sollte doch besser eine Stalllaterne vorne anbringen. Die braucht überhaupt keinen Strom und in der Wirkung ist sie auch nicht schlechter. Weil die STVO zwingend vorschreibt, dass bei Nebel, starkem Regen oder Schneefall das Abblendlicht einzuschalten ist, erhebt sich die Frage, was ist eigentlich Nebel, bei welcher Sichtweite fängt der Dunst an, Nebel zu werden?

Im Gesetz findet der wissbegierige Kraftfahrer hier lediglich die Zahl "50m" Sichtweite und zwar im Zusammenhang mit der Benutzungserlaubnis für die Nebelschlussleuchte. Aber beginnt da wirklich erst der Nebel? In der Innenstadt kann man mit 50m Sicht noch gut fahren. Aber was sind selbst hundert Meter auf einer Schnellstraße oder einer Autobahn? Gar nichts.
Auf solchen Straßen benutze ich schon das Abblendlicht, wenn die Konturen eines Entgegenkommenden über eine Strecke von 500 Metern nicht mehr klar zu erkennen sind. Denken Sie nur einmal daran, wieviel Weg man braucht, um bei hoher Geschwindigkeit einen Überholvorgang durchzuführen. Das kann übel werden, wenn ein Überholer nicht rechtzeitig gesehen hat, dass Sie entgegenkommen! Besonders wenn Ihr Auto eine Tarnfarbe hat: hellgrün, beige, grau, hellbraun oder braun.
Bei Tagnebel gibt es nur: machen Sie soviel Licht wie möglich. aber blenden Sie den Gegenverkehr nicht. Bei Nacht wird es gemein. Man wird nicht gesehen und sieht selbst nicht, wo die Straße weiterführt. Vater Staat sagt, man darf nur so schnell fahren, dass auf der übersehbaren Strecke noch gehalten werden kann. Um ehrlich zu sein: auch ich bin in solchen Fällen einmal zu schnell und rechne nicht mit einem Anhänger, der quer im Weg steht. Aber recht wohl ist mir dabei nicht. Wie findet man nun in einer derartigen Waschküche seinen Weg? Ist eine Mittellinie vorhanden, kann man ca. einen halben Meter **rechts davon** entlang fahren. So sieht man relativ gut und hat dabei den Vorteil, etwas Abstand von eventuellen Hindernissen am Straßenrand zu haben (Radfahrer!). Sollten Sie die Mittellinie zwischen die Räder nehmen wollen: es gibt bessere Arten des Selbstmordes! Ohne Mittelstreifen und bei besonders dichtem Nebel bleibt natürlich nur der rechte Rand als Orientierungshilfe. so zum Beispiel bei Nacht mit Schneefall und Nebel, dem wohl ekligsten aller denkbaren Wetter. Zwar ist das Abblendlicht unter diesen Bedingungen die richtige Beleuchtung, besser wären aber Standlicht plus tief liegende und richtig eingestellte Nebelscheinwerfer. Doch empfiehlt es sich, hin und wieder auf Fernlicht (Lichthupe!) umzuschalten, da man dann die Dichte des Nebels besser beurteilen kann. Zudem bringt gelegentliches Aufblenden einen weiteren wichtigen Vorteil: rückstrahlende Gegenstände reflektieren das Fernlicht früher, sodass man mittels der bekannten schwarz-weißen Begrenzungspfosten den Straßenverlauf besser erkennen kann. Übrigens ist mancher Nebel gar nicht so dick. wie Sie glauben: Lassen Sie doch mal die Scheibenwischer laufen!

Haben Sie in so einem Wetter eine Panne, sind Sie wahrlich nicht zu beneiden. Erstes Gebot: Nutzen Sie jede Möglichkeit, das Auto aus der Fahrbahn zu entfernen! Fahren Sie ruhig auf dem platten Reifen noch die hundert Meter bis zur nächsten

Ausweichmöglichkeit. Gibt es keine, dann: Abblendlicht eingeschaltet lassen, Warnblinkanlage ein, Mitfahrer aus dem Auto heraus und seitlich in Sicherheit bringen, auch bei Kälte! Alle leuchtenden und reflektierenden Gegenstände in ausreichendem Abstand hinter dem Auto aufbauen und sich dabei nicht überfahren lassen! Wohl dem, der eine kräftige Warnlampe hat. Ich habe eine und obendrein noch eine spezielle Magnesiumfackel, welche einen roten Glutball erzeugt, so hell wie ein Waldbrand. Das übersieht niemand. (Die Fackeln gibt's beim Sportbootzubehör als Notsignal)

Noch ein Wort zu oft geübter Nebelfahr-Praxis: Das an-die-Rücklichter-Hängen. Das ist verführerisch, wenn vor mir ein Auto fährt, dessen Fahrer sich offensichtlich in der Gegend auskennt - oder vielleicht auch nur leichtsinnig ist. Wer sich da vom Vordermann "die Kastanien aus dem Feuer holen" lassen will, muss wirklich Experte im Abschätzen des notwendigen Haltewegs sein. Sonst holt man sich (mindestens) eine blutige Nase, wenn der Vordermann plötzlich auf einen unbeleuchtet auf der Straße stehenden Heuwagen aufprallen sollte. Nebenbei: Manchmal hält der Vordermann auch an, weil er in seiner Garage ist.

Freitag, Mai 08, 2009

Fahrtipp: Per Anhalter

Doch, ich nehme hin und wieder auch einmal jemanden mit, der lieber seinen Daumen als Hilfsmittel zur Fortbewegung nutzt, als die Bundesbahn. Obwohl diese ja nicht vom Wetter spricht. Aber das tun Anhalter auch nicht. Mir dagegen ist das Wetter, ich meine das, in dem der Anhalter steht, allerdings nicht so schnuppe. Denn ich habe ungern Stockflecken in meinen Autopolstern, und bei allem Mitleid mit dem Mann am Straßenrand: nasser als nass kann er ja nicht mehr werden. Hätte er halt einen Schirm mitgenommen.

Eigentlich bin ich auf diesem Gebiet vorbelastet. Denn früher, als die Abstände zwischen den Autos auf unseren Straßen noch deutlich größer waren - (manchmal kam eine halbe Stunde lang gar keines!) bin ich selbst auf diese Art kreuz und quer durch Deutschland gereist. Wie gesagt, hin und wieder nehme ich jemanden mit. Und zwar nicht etwa "Damen", die mit dem Strumpfhalter winken. Schließlich bin ich glücklich mit meiner Frau. Überhaupt sei vor Abenteuern dieser Art gewarnt, denn oft haben solche Mädchen noch ein paar liebe Freunde hinter dem nächsten Busch stehen, die dringend gerade ein Auto brauchen, Ihres! Auch Ihre Reisekasse wird dankbar begrüßt. Und wenn Sie dann Ihre Weiterreise zu Fuß anstatt im Krankenwagen antreten können, haben Sie noch Glück gehabt.
Auch das Establishment verachtende Protestjünger mit gut wärmendem Haarschmuck, Guitarre, Rucksack und malerisch ausgefransten Hosen müssen Ihren Weg zur nächsten Demo ohne mich machen. Weil ich nicht weiß, wo der nächste Kammerjäger wohnt.

Der Anhalter, den ich mitnehme, ist im Grunde ein cleverer Bursche. Der ist zweckmäßig, aber sichtlich ordentlich gekleidet, steht alleine und nur mit einer kleinen Reisetasche, die bequem auf den Rücksitz passt, an einer Stelle, wo ich nicht auf die Idee kommen kann: hier lauern noch ein paar Gestalten. Zudem hat er sich einen Ort herausgesucht, an dem ich nicht gerade bei 95 auf den 4.Gang schalte. Nein, er steht da, wo ich ihn schon von weitem sehe, Zeit zum Überlegen habe und wo auch recht schön Platz ist zum Halten , ohne dass mir gleich der nächste Wagen ins Kreuz rast. Vielleicht hat er auch ein Schild gemalt: "Soldat nach Ulm. Bitte." Wenn er das Wort bitte nicht vergessen hat, halte ich bestimmt. Ich habe in so einem Fall auch nicht Angst, dass ich nun einem entsprungenen Zuchthäusler weiterhelfe, denn das ist doch relativ selten. Die meisten Leute winken doch deshalb einem Auto, weil sie vielleicht gerade knapp bei Kasse sind (Bundeswehr) oder der eigene Wagen ist kaputt (kommt auch bei mir vor) oder der nächste Bus geht erst in 3 Stunden.

Und wenn ein Unfall passiert? Bei dem der Anhalter womöglich verletzt wird? Zugegeben, das ist natürlich unschön, aber so schlimm wie die meisten meinen, ist es auch wieder nicht. Das sieht rechtlich so aus: War ein anderer Verkehrsteilnehmer an dem Unfall schuld, zahlt der Andere, (bzw. zahlt dessen Versicherung) . Waren Sie selbst schuld, zahlt Ihre Haftpflichtversicherung. Sollten Sie dabei grobfahrlässig gehandelt haben zB. betrunken gewesen sein, wird's allerdings teuer. Ist der Anhalter in gemeiner Kerl, dann zeigt er Sie an wegen Körperverletzung. Das gibt dann einen hübschen Strafzettel. Ist der Unfall jedoch auf höhere Gewalt zurückzuführen, zB. wenn ein Alleebaum auf Ihr Auto fällt, dann zahlt überhaupt niemand. Auch Sie nicht. Noch ein Wort zu den sogenannten Haftungsausschluß-Erklärungen: Mündlich haben sie keinen Wert und schriftlich auch nicht viel mehr. Bei Jugendlichen sind solche Schriftstücke sowieso ungültig. Sollte man nun einen Anhalter überhaupt nicht mitnehmen? Ich meine: warum nicht? Es kommt dabei doch immer auf die jeweiligen Umstände an. Und auch die Pfadfinder müssen jeden Tag eine gute Tat tun. Steht aber so ein Kerl an einer Stelle, wo Sie einen Unfall riskieren, wenn Sie anhalten, dann lassen Sie ihn stehen. Auch wenn der Kerl ein Mädchen ist.

Montag, Dezember 07, 2009

Winter-Survival-Kit = Autofahrer's Notpaket

Man meint, wegen der Klimaveränderung würde es bei uns immer wärmer werden. Wenn das stimmt, wird sich das aber nur in der Durchschnittstemperatur auswirken: Bestimmt wird es jeden Winter eine Hochdrucklage mit Ostwind, frisch aus Sibirien, geben und ebenso sicher ist ein kaltes Nordwesttief mit Schneefall. Mit andern Worten: Der nächste Winter kommt bestimmt.

Und für diesen Fall kann es nicht schaden, das Survival-Kit zu haben.
Nehmen Sie also die Badesachen aus dem Kofferraum und ersetzen diese durch folgende Dinge:

- **Eine große Plastikschüssel mit feinem Sand. (Streusand vom städt. Bauhof, gibt's bestimmt gratis oder aus einer Streusandkiste am Straßenrand) Diese Schüssel bringt auch etwas Gewicht auf die Hinterachse. Gegen Verrutschen sichern.**
- **Eine kleine Sandschaufel, Kehrblech geht auch, zum Streuen**
- **Handschuhe**
- **Handbesen zum Abkehren von Schnee**
- **Gelbe Schutzweste (sollte sowieso drin sein)**
- **Reservekanister mit Treibstoff**
- **Wolldecke + 1 Wintermütze**
- **Abschleppseil (besser Abschleppgurt)**
- **Pannenlampe**
- **Überbrückungskabel**

Es ist bei uns in Mitteleuropa zwar weniger mit so extremen Wetterlagen wie zum Beispiel in Nordamerika zu rechnen, wo in Blizzards schon etliche Leute in ihrem Auto erfroren sind. Aber hier kann es durchaus auf Autobahnen einen stundenlangen Stau bei klirrender Kälte geben. Mit Reservesprit kann man mit dem Motor so lange heizen, bis der Sprit alle ist und hat dann noch den Reservekanister zum Nachfüllen, damit man auch noch weiterfahren kann.

Es gibt allerdings Frohnaturen, die auch im Winter trotz Kälte in dünnen Jäckchen mit dem Auto wegfahren – weil es ja schön warm geheizt ist. Die sollten sich mal in einer Werkstatt erzählen lassen, was alles an Autos ganz plötzlich kaputt gehen kann – von einem unverschuldeten Unfall mal ganz abgesehen.

Über Kraftfahrer schlechthin, solche mit und solche ohne Hirn

Sonntag, Juni 11, 2006

Blindenstock für Kraftfahrer

Hallo miteinander,
dass ich diesen Blog noch schreiben kann, verdanke ich meiner Ausweichtechnik auf der Vespa.
Ohne diese läge ich jetzt wahrscheinlich in einer Klinik (Wo die Ärzte hoffentlich gerade nicht streiken) und hätte keinen Zugang zum Web.
Der Vorgang:
Genau wie mein Gegenverkehr wollte ich die Bundesstrasse 3 überqueren. Als dann die Verkehrslücke kam, fuhr ich los. Mein entgegenkommender Linksabbieger hatte mich aber leider trotz meinem eingeschaltetem Scheinwerfer nicht in seiner Berechnung und versuchte, mich auf der Kreuzung zu rammen.
Das war ein fundamentaler Beobachtungsfehler, der selbst einem Fahrschüler ab der 10. Fahrstunde wohl nicht mehr verziehen wird. Dieser Typ hatte aber bestimmt einen Führerschein. Wahrscheinlich schon seit Jahrzehnten und dann immer noch sowas. Was ich täglich erlebe und überhaupt nicht verstehe ist, wie blauäugig viele Fahrer mit relativ hoher Geschwindigkeit über rechts-vor-links-Einmündungen und Kreuzungen hinwegbrettern. Wenn ein Fahrprüfling während der Prüfung auch nur eine einzige Kreuzung dieser Art "übersehen" würde, gäb's keinen Schein.

Ich würde es begrüßen, dass jeder Kraftfahrer etwa alle 10 Jahre einmal seine Fahrprüfung wiederholen sollte. Dazu bedürfte es auch nicht mal einer Fahrschule, wenn der TÜV oder andere Prüforganisationen einige typische Prüffahrzeuge bereitstellen würde, die auch mit einem Doppelpedal ausgerüstet wären. (Damit der nebendran sitzende Prüfer auch lebensrettend eingreifen könnte und nicht aus Angst eine kinderleichte Prüfstrecke wählen müsste, wie z.B. in Amerika der Fall)
Hinten drin im Auto sitzt noch ein neutraler Beobachter - von mir aus einer vom ADAC - der nur deshalb da ist, damit kein Klüngel zwischen Prüfling und Prüfer entsteht.
Dann könnte sein, dass so mancher Auto-Weltmeister vom Stammtisch nach mehrmaligem Durchfallen wieder mal bei einer Fahrschule auftaucht, um seine offensichtlichen Defizite auszumerzen.
Bin ziemlich sicher, dass Vespa fahren dann gesünder werden würde.
Merke: Wo man nicht hinsieht, ist nicht frei!

Fahrerlaubnisprüfung nur in deutscher Sprache

Gute Lösung zur Integration von Ausländern

Gestern wurde bei der TV-Sendung „Hart aber Fair“ von einem Zuhörer namens Stoll oder so ähnlich, eine fabelhafte Idee zur besseren sprachlichen Integration von Ausländern eingebracht, nämlich diese:

Es darf für Leute mit Migrationshintergrund, welche eine Fahrerlaubnis erwerben wollen, keine Theorie-Prüfung in ihrer Landessprache geben. Das betrifft alle Personen, die länger als 2 Jahre in Deutschland ansässig sind.

Das würde auf einfachste Weise erzwingen, sich mit unserer Sprache zu beschäftigen, denn Auto fahren will wohl jeder Einwanderer, unsere Sprache lernen aber eher weniger.

Wer als Betroffener dagegen protestieren will, sollte erst einmal versuchen, ob er in der Türkei oder in einem anderen beliebigen Land die Führerscheinprüfung in deutscher Sprache machen kann.

Ich halte das für eine ausgezeichnete Idee und werde es auch den zuständigen Politikern zur Kenntnis bringen.

Mittwoch, Dezember 17, 2008

Führerprüfung nur in Deutsch. Antwort vom Minister

Vielen Dank für Ihr Schreiben vom 11. Dezember 2008.

Gemäß Abschnitt 4.7 der Prüfungsrichtlinie für die Prüfung der Bewerber um eine Erlaubnis zum Führen von Kraftfahrzeugen ist die theoretische Prüfung für die Fahrerlaubnisbewerber grundsätzlich in deutscher Sprache abzulegen. Die zuständigen obersten Landesbehörden können zulassen, dass die Fragen in anderen Sprachen geprüft werden. Nähere Informationen erteilt das zuständige Landesverkehrsministerium.
Mit freundlichen Grüßen
Im Auftrag Beate Thielecke

Was lernen wir daraus?
Ausländer, welche hier eine Fahrerlaubnis erwerben wollen, haben keinen Rechtsanspruch auf eine Theorieprüfung in ihrer Heimatsprache.
Die Landesbehörden sind zuständig und könnten die Verwendung von Fragebogen in anderen Sprachen sehr restriktiv anwenden, also nur auf begründeten Antrag zulassen. Das sollten sie auch tun. Dann würde sich das Erlernen unserer Sprache für Einwanderer größeren Zuspruchs erfreuen.

Freitag, November 28, 2008

Ohne Kontrollen geht's einfach nicht

Gestern ergab es sich, dass ich, mit dem Fahrrad unterwegs, gegen den Verkehrssinn durch eine Einbahnstraße musste. Selbstverständlich habe ich mein Fahrrad auf dem Gehweg geschoben. Nicht nur heute als Rentner, sondern auch früher als Jugendlicher, wäre ich nie auf die Idee gekommen, gegen den Verkehrsstrom zu fahren.
Natürlich haben mich gestern 3 Radfahrer in gleicher Richtung überholt. Nein, natürlich nicht beim Schieben. Die sind ganz locker, teilweise auch noch ohne Licht, obwohl es Nacht war, auf der Fahrbahn geradelt.

Ich frage mich, was geht in den Jungens heute so vor? Die wollen anscheinend alles nicht mehr so eng sehen, schon gar nicht gesetzliche Vorgaben, wenn sie denn persönlich gerade unbequem sind.
Ich sagte es schon früher: Das Schöne an der Straßenverkehrsordnung ist, dass sie nur für die Andern gilt.

Eigentlich bin ich nicht darauf aus, überall Polizei zu haben. Andererseits möchte ich nicht in einen Unfall verwickelt werden, weil irgendeine Dumpfbacke falschrum durch die Einbahnstraße gondelt. Ist mit Einsicht etwas zu machen? Ich glaube nicht. Was hilft ist Kontrolle. Kontrollen sehe ich öfters: Politessen, die Parkzeit-Überzieher auf Parkplätzen aufschreiben. Dieselben Damen des Kontrolldienstes sehen aber keinen Handlungsbedarf, wenn ihnen ein erwachsener Radfahrer auf dem Gehweg begegnet und ob der falsch rum durch die Einbahnstraße fährt, ist ihnen erst recht egal.

Polizei haben wir sowieso zu wenig. Denn je mehr der Staat an Lehrern spart, umso mehr muss er für die Polizei ausgeben.
Aber die wenige Polizei gehört effektiver auch gegen die Kleinsünder eingesetzt. Denn da fängt es an. Der an allgemein nötige und gültige Regeln unangepasste Bürger gehört wirkungsvoll zur Ordnung gerufen und das ist notwendig im Sinne des Gemeinwohles. Wäre ich irgendwo, insbesondere in Heidelberg (einer Hochburg autonomer Radfahrer), Polizeipräsident, hätte ich eine dauernd im Stadtgebiet präsente Polizeiüberwachung. Nicht im warmen Streifenwagen, nein, auf dem geländegängigen Enduro-Motorrad. Denn dem entkommt auch der gewiefteste Fahrradautonome nicht.
Verkehrswidrig gefahren? Löhnen, aber richtig.

Mittwoch, Mai 26, 2010

Verkehrskultur? Ein hoffnungsloser Fall

Mit der Kultur unter Verkehrsteilnehmern ist es noch nicht so weit her.
Wenn man sich so mal umschaut, ist man eigentlich schon froh, dass man sich wenigstens halbwegs darauf geeinigt hat, dass in Deutschland Rechtsverkehr vorherrschend ist. Das betrifft natürlich nicht etwa Radfahrer auf Radwegen. Da fährt man wegsparend und wenn dann das Fahrziel irgendwo linker Hand liegt, bleibt man mal eben den Kilometer bis dahin links.
In meiner Nachbarschaft hat es vor einiger Zeit einen Unfall mit zwei Radfahrergruppen gegeben, die einander entgegengekommen sind. Und zwar ist die eine Gruppe von einer Autobahnbrücke, über welche der Radweg verlief, heruntergefahren (mit Tempo, natürlich) und die andere Gruppe wollte umgekehrt auf die Brücke rauf. Keiner aus den beiden Gruppen war bereit, auf dem schmalen Radweg Platz zu machen und es kam zum Frontal-Massenzusammenstoß. Resultat: Etliche Verletzte, teilweise schwer und ein Toter.
Das danach dort zu sehende Holzkreuz mit Blümchen hebt auch nachträglich nicht das soziale Niveau der Beteiligten.
Was ist nur los mit unserer Volksgemeinschaft? Ist sich denn kaum noch jemand bewusst, dass man mit rücksichtslosem Egoismus nicht zusammenleben kann?
Ganz allgemein
- habe ich den Eindruck, dass die Verkehrsregeln (und nicht nur die!) nur dann eingehalten werden, wenn eine Überwachungskamera oder ein Polizeifahrzeug in der Nähe ist.
- ist nur noch selten damit zu rechnen, dass jemand Zeichen gibt, wenn er abbiegen will
- wird so auf dem Gehweg geparkt, dass die Mutter ihren Kinderwagen über die Fahrbahn schieben muss.
- wird an einer Stoppstelle nicht gehalten
- wird in der Fußgängerzone viel zu schnell gefahren und natürlich auch geparkt.
- wird auf Autobahnen (und nicht nur da) zu wenig Abstand zum Vordermann gehalten

Und dann gibt es noch eine Menge Typen mit einem zu hohen Testosteronspiegel. Die erkennt man schon von Weitem daran, dass sich die Türen ihrer entsprechend dem Niveau tiefer gelegten Schüssel rythmisch nach außen biegen. Die müssen insbesondere bei Nacht jedermann verkünden, dass er, "Lonesome Wulf Harry" ein ganzes Monatsgehalt für eine 500 Watt-Dröhne ausgegeben hat, um die ach so melodischen Töne seines Lieblingsrappers allen Anwohnern nahe zu bringen.
Sollte man so einem Typen mal die Meinung sagen wollen, wäre eine beeindruckende Turnerfigur zu empfehlen, weil sich dessen verbale Kompetenz wohl in Grenzen halten dürfte.
Ähnlich gestrickt sind die Inhaber von gewissen Motorrädern, der Harley zum Beispiel. Ich frage mich, was die alles wieder in den Auspuff einbauen müssen,

wenn sie zum TÜV fahren.
Aber auch andere Verkehrsteilnehmer können sich keineswegs mehr gegenüber dem Mitmenschen entschuldigen sondern werden regelmäßig aggressiv.

Es ist schon so, die Kulturstufe welche notwendig ist, um freundlich und rücksichtsvoll miteinander umzugehen, haben wir noch lange nicht erreicht. Und bis es soweit ist, brauchen wir ausreichend Kontrolle und wirkungsvolle Sanktionen bei Verfehlungen.
Es ist fraglos ein Armutszeugnis, wenn man danach rufen muss. Aber ich glaube, es geht kaum anders. Wenn mehr Polizei natürlich auch mehr Geld kostet, sollte sie sich dieses Geld durch "No Tolerance" eben verdienen.

Dienstag, Juni 29, 2010

Eigenes Auto? Für Großstadtbewohner reiner Luxus!

Sind Sie Vertreter? Außendienst-Mitarbeiter? Hausarzt?
Dann brauchen Sie hier nicht weiter zu lesen, denn Sie können auf Ihr Auto keineswegs verzichten. Wenn Sie aber einen ortsfesten Job haben oder gar Rentner sind, sollten Sie sich ernsthaft überlegen, ob Sie wirklich ein eigenes Auto brauchen. Denn als Großstädter kann man auch anders mobil sein.
Für gutes Wetter bietet sich zunächst der Motorroller an. Das ist das ideale Stadtfahrzeug schlechthin. Denn jeder Motorroller hat einen eingebauten Parkplatz. Den kann man buchstäblich überall vor der Haustüre parken. Wenn Sie einen Maxiroller haben (z.B. eine Vespa) sind Sie an der Ampel fast immer der Schnellste, man kann im Straßenanzug fahren – natürlich mit Helm und auch schon mal jemanden mitnehmen. (Zweithelm!)
Ansonsten: Busse und Bahnen kommen durch den üblichen Stau besser durch wie Sie, und wenn Sie einen Ferrari hätten.
Ob ein wenig laufen bis zur Haltestelle wirklich schadet?
Trotzdem, gelegentlich braucht man ein Auto. Bei Licht betrachtet braucht man eigentlich fast immer einen anderen Autotyp, als den, welchen man gerade hat. Es lebe der Kompromiss. Warum Kompromiss und warum überhaupt eigenes Auto? Aus Statusgründen? Seit Ihrem 21. Lebensjahr sind Sie doch aus dem Selbstdarstellungstrip raus – oder doch nicht? Also, wenn Sie nicht mit Ihrer Karre angeben wollen: werden Sie Mitglied bei der örtlichen Carsharing-Gesellschaft. Denn dann können Sie sich unter den verfügbaren Autos den im Moment richtigen Typ aussuchen.
Meine Frau und ich nutzen schon seit Jahren die Stadtmobil-Gesellschaft von Mannheim, obwohl wir in einer Nachbarstadt wohnen. Wir sind Rentner und haben eine Jahresnetzkarte der Region und besonders günstige Konditionen bei Stadtmobil. Was wir noch nicht gemacht haben, aber möglich wäre: Wir könnten uns auch in vielen andern Städten zu gleichen Bedingungen ein Auto ausleihen.

Damit man mal sieht, wie es kostenmäßig aussieht: wenn Sie einen Kühlschrank transportieren wollen, braucht man einen Caravan: Opel Astra Kombi zum Beispiel. Sagt der ADAC, dieses Gerät kostet Sie bei üblicher Privat-km-Leistung pro km 42,2 ct. Holen Sie sich dieses Auto bei Stadtmobil, kostet es die ersten 100 km 25 ct danach 21 ct und zwar inklusive Sprit jedoch zuzüglich 2,20 pro Stunde. Wenn Sie also Ihren Kühlschrank vom Laden nach Hause fahren, insgesamt sagen wir mal 10 km und Sie haben 2 Stunden gebraucht, dann kommt am Monatsende dafür eine Rechnung über 4,40 + 2,50 = 6,90 €
Sie können mit einem Stadtmobilauto auch in den Urlaub fahren – vielleicht mit einem schicken Cabrio, das kostet dann keinen Stundenpreis, sondern eine Pauschale.
Und wenn so ein Auto dann mal unterwegs den Geist aufgibt, (unwahrscheinlich, die Autos sind nicht so alt) dann lassen Sie die Kiste einfach am Straßenrand stehen, rufen die 24 Stunden erreichbare Zentrale, die schickt einen Abschlepper und Sie dürfen mit der Eisenbahn kostenfrei heimfahren. Ist auch nicht so toll, aber überlegen Sie mal, wie das mit einem eigenen Auto wäre.
Ach ja, noch was. Das Carsharing-Auto muss man wieder dahin zurückbringen, wo man es geholt hat und außerdem kostet es einen kleinen Mitgliedsbeitrag. (5 € mtl)

Samstag, Dezember 18, 2010

Jetzt hängen sie!

Nein, nein, nicht die Verkehrspolitiker, wie der schlaue Herr Ramsauer. (Was erinnert mich nur immer bei diesem Namen an den Herrn Rambold aus den Otti-Krimis?) Sondern die LKWs am ersten kleinen Berg, wenn die Fahrbahn verschneit ist.

Klar, haben die alle Winterreifen drauf - wie der oben Genannte jetzt erst wieder per Vorschrift - obwohl es sowieso schon eine solche gab - den Autofahrern anzuschaffen für erforderlich hielt.
Das ist eigentlich eine Geschichte für den Physik-Unterricht: Größe der möglichen Traktion t in NewtonMeter bei Gewicht x und Gleitzahl y. Ist aber nix für die Hauptschule und das LKW-Cockpit schon gar nicht.
Das braucht man als LKW-Fahrer auch nicht zu rechnen, das weiß man. "Kommste am Berg auf Schnee zum Stehen, weil wieder so eine Tüte trotz Winterreifen quer steht, dann kannste Wieder-Anfahren einfach vergessen."
Na schön, dann mal raus in das Schneetreiben und die Ketten aufziehen auf die Zwillingsreifen. Das gehört fraglos zu den Sachen, die aber auch gar keinen Spaß machen. Deshalb hat man das auch nicht am zufällig freien Parkplatz auf der Ebene gemacht, sondern geglaubt, dass man an diesem kleinen Berg schon nicht halten muss.

Da könnte vielleicht schon eine Verordnung helfen, obwohl die von den LKW-Kutschern aus Kasachstan wohl kaum gelesen wird, sich aber vielleicht auch bei denen rumspricht: "Bei verschneiten Fahrbahnen sind von LKWs über 7,5 to zGGw. auf dem per Beschilderung ausgewiesen Kettenrüstplatz, Schneeketten zu montieren."
So oder ähnlich könnte eine Verordnung lauten, die vielleicht auch, wegen der dann nur erlaubten 50 km/h weniger querstehende LKWs bringen würde. Denn weshalb stehen die quer? Meist wegen zu geringen Abstandes und deshalb Überbremsung, bei plötzlichem Stau.
Dann könnte auch der Streuwagen wieder durch.
Meine Frau hat gemeint, man könnte ja auch Streuflugzeuge entlang der Autobahnen fliegen lassen. Als ehemaliger Pilot weiß ich aber, dass sich selbst Hubschrauber bei Schneetreiben nur sehr mühsam bewegen lassen. Außerdem, da würde das Kilo Streusalz schon heftig zu Buche schlagen. Besser wäre ein Hover-Craft, damit könnte man auch einmal über die verschneite Landschaft ausweichen.
Leider hat die Bundeswehr aber keine Hovercrafts, sondern U-Boote.

Dienstag, Dezember 13, 2011

Miserable Autofahrer

Es ist erschreckend, wie hoch der Prozentsatz miserabler Autofahrer ist. (Übrigens nicht nur in Deutschland!)
Ein Beispiel von gestern:
Mit meiner Vespa 125 war ich unterwegs Richtung Hemsbach (Bergstr): Dafür muss man über eine gut befahrene Landstraße durch einen großen Wald fahren, wo allerdings lange gerade, übersichtliche Wegstrecken vorhanden sind. Bald holte ich eine Kolonne von 5 PKW ein, die hinter einem Großschlepper (45 km/h) herfuhren. Dicht hinter dem Schlepper, in ca. 3 m Abstand, fuhr ein roter Kleinwagen. Aus so einer idiotischen Position kann man natürlich nicht überholen, was aber die 4 anderen nicht hinderte, ebenfalls mit Kurzabstand hintereinander herzufahren. Mehrfach machte immer mal wieder einer einen Überholversuch, was aber immer wegen Gegenverkehr und auch deshalb scheiterte, weil einfach sich niemand Raum ließ, um angesichts einer nahenden Lücke schon im Voraus beschleunigen zu können. Nachdem ich mir die vergeblichen Versuche ein paar Mal angesehen hatte, beschloss ich, den ganzen Verein von hinten aufzurollen. Nachdem meine Vespa über 100 läuft und auch unten entsprechend einem Motorrad beschleunigt, war das technisch kein Problem.
Weil ich aber weder blauäugig noch lebensmüde bin, war ich darauf gefasst, dass einer der Fahrer ohne Rückblick ebenfalls zum Überholen ansetzen würde - und genau so war es dann auch. Wenn ich es nicht erwartet hätte, hätte mich dieser Fahrkünstler mal eben locker vom Roller geworfen.
So was darf es doch einfach nicht geben! Wenn dieser Typ sich das bei der

Fahrprüfung erlaubt hätte, wäre er niemals durchgekommen. Aber vermutlich war er nicht nur (im wahrsten Sinne des Wortes) rücksichtslos, sondern auch theoretisch nicht gerade im Besitz der erforderlichen Kenntnisse: Denn es ist **nicht** verboten, eine Fahrzeugkolonne zu überholen - es wird nur *empfohlen*, das nacheinander zu tun. Vorrecht hat immer der Überholer gegenüber dem Ausscherer!

Das ängstliche Mädchen hinter dem Schlepper war es natürlich nicht, die ist sicherlich bis Hemsbach hinterher gefahren.

Dazu ist übrigens zu erwähnen, dass solche Überholvorgänge bei der Fahrprüfung geprüft werden sollen - ich habe es aber in 35 Jahren Fahrlehrerpraxis nicht einmal erlebt, dass dies verlangt wurde. Wahrscheinlich wollen die Prüfer auch nicht gerne ins Krankenhaus.

Ich habe übrigens dem, der mir nach dem Leben trachtete, hinterhergedroht, bin aber sicher, dass er das nicht gesehen hat, denn seine Spiegel braucht der nur, um zu sehen, was er für ein toller Autofahrer ist - und beim Rasieren.

Was ich übrigens zur Deutschen Fahrausbildung im Einzelnen meine, kann man nachlesen: "Führerschein? Keiner ist zu blöd" ISBN 978-3-8370-0645-2

Donnerstag, Dezember 29, 2011

Blinkresistenz? Autoindustrie ist schuld!

Lange habe ich nachgegrübelt, warum denn - beim Zeus - so viele Kraftfahrer den Blinker nicht setzen, obwohl es nötig wäre.

Ist es schlichter Protest? Nein!

Ist es Faulheit? Vielleicht.

Ist es Unkenntnis der Regeln? Nein.

Ist es Vergesslichkeit? Nein.

Aber was bewirkt denn nun, dass immer mehr Kraftfahrer weder beim Abbiegen noch beim Einordnen und schon gar nicht beim Ausfahren aus dem Kreisverkehr den Blinker betätigen.

Vielleicht ist es Datenschutz? Niemand soll wissen, was ich vorhabe? Kann's doch eigentlich auch nicht sein.

Jetzt weiß ich, wer schuld ist! Die Autoindustrie ist es!

Die haben einfach vergessen zu erforschen, wo die Autofahrer ihre linke Hand haben, wenn sie ausbiegen. Nun wo? OBEN am Lenkrad!

Und wo ist der Blinkhebel? Links an der SEITE. Kein Wunder, dass ihn da niemand betätigt.

Der gehört also nach oben, das muss sich doch technisch machen lassen - oder?

Denn das ist geläufige Praxis, darauf muss man als Industrie doch achten.

Dagegen ist nicht so wichtig, was der Prof.Dr.Dr. Denknach, der Fachmann vom Institut für Ergometrie und ein, zwei Fahrlehrer sagen. Und was sagen die? "Wenn man richtig lenkt, hat man die Hände nach dem Einschlagen waagerecht am Lenkrad. Das ist bewegungstechnisch richtig und ergibt das beste Gefühl für den Kurvenradius."

Da könnte man bei Nacht in der Rechtskurve sogar den Scheinwerfer abblenden, wenn jemand entgegen kommt. Hat vielleicht doch Vorteile.

Ach, da fällt mir ein: Mercedes Benz hatte da mal 'ne Idee. Den Blink-Hupring. Den konnte man auch aus der 12-Uhr-Position erreichen und doch blinken. Aber nicht abblenden. Deshalb hat man den wohl wieder fallen lassen weil der im Lenkrad eingebaute Airbag doch recht häufig gebraucht wird, manchmal wohl auch, weil nicht geblinkt wurde.

Dienstag, Januar 31, 2012

Sind Linksparker Warmduscher?

Nein, Linksparker sind hauptsächlich Faulpelze. Warum denn rechts parken, wenn man links irgendwo reingehen will? Ist doch viel zu viel Aufwand, erst das Auto irgendwo zu wenden, um dann richtig rum in der Parklücke zu stehen - außerdem wäre sie wohl schon von einem anderen Linksparker weggeschnappt worden.

Und die Straßenverkehrsordnung ist sowieso nur für die Anderen da , das ist ja das Schöne an diesem Regelwerk.

Warum ich mich darüber aufrege? Könnte mir doch egal sein, immerhin bin ich nicht die Polizei.?

Weil mich diese Ignoranz-Typen persönlich gefährden, wenn ich mit dem Fahrrad oder Motorroller an ihnen vorbeifahre.
Denn wenn man von der linken Seite wieder ausparken will, muss man erst mal ein Stück weit auf die Fahrbahn fahren, bis man was sieht, das gilt insbesondere dann, wenn in der Fahrtrichtung noch ein größeres Fahrzeug steht. Das bedeutet, dass dieser Faulpelz erst mal damit rechnet, dass ein anderer Verkehrsteilnehmer nach links ausweicht, wenn er bemerkt, dass da jemand rausfahren will. Und was ist, wenn das zu spät bemerkt wird oder gerade der Gegenverkehr das nicht erlaubt? Ähh.. da hat der Rollerfahrer eben Pech gehabt - Zweiradfahren ist sowieso gefährlich....

Eigentlich wünsche ich solch einem rücksichtslosen Zeitgenossen, dass der Vorbeifahrende einen dicken LKW hat und dem Faulpelz mal eben - en passent - den rechten Vorderwagen abrasiert. Wobei dann auch die Haftpflichtversicherung des LKWs die Zahlung verweigern würde.

Dass solche Verstöße gegen Verkehrsbestimmungen immer häufiger werden, liegt an der mangelnden Kontrolle. Denn der Bürger, der keine Kontrolle befürchten muss, hat wenig Lust, auf Bequemlichkeiten zu verzichten, nur weil es gegen Vorschriften verstößt. Eigentlich will der Einzelne sich überhaupt nicht an Vorschriften halten, andererseits klagt er über zunehmende Anarchie.
Es fehlt an Einsicht, dass ein Gemeinwesen eigentlich nur funktionieren kann, wenn es Regeln gibt, die auch eingehalten werden.
Gerne würde Mancher seinen Nachbarn auch tot schlagen, wenn es nicht verboten wäre und dieses Verbot auch streng verfolgt würde.
Unsere immer personaldünner werdende Polizei hat für Verkehrsüberwachung nur dann Zeit, wenn es richtig Geld bringt, Geschwindigkeitskontrollen auf breiten Ausfallstraßen zum Beispiel.
Ansonsten ist die lokale Ordnungspolizei zuständig und diese ist - zumindest in meinem Wohnort - hauptsächlich damit beschäftigt, Parkzeitüberschreitungen an ausgewiesenen Parkplätzen zu ahnden - natürlich weil das einfach schneller Geld bringt.

Schöne Grüße aus Absurdistan.

Über Minister, Organisationen und Sonstige, die vom Verkehr wenig Ahnung haben

Sonntag, Mai 28, 2006

Staatsabzocke bei der Treibstoffsteuer

Seit Jahrzehnten bin ich nun schon Mitglied im ADAC, bin aber nicht wirklich zufrieden mit dem Club. Da sind wir ja deutlich über 10 Millionen Mitglieder und lassen uns eine derartige Abzocke durch den Staat gefallen.
Zum Beispiel: Mit den Steuern auf Fahrzeuge und Treibstoff sollte ursprünglich die verkehrstechnische Infrastruktur bezahlt werden. Inzwischen wird damit der halbe Staat finanziert. Nun, vielleicht kann man das nicht durch andere Steuern ersetzen und Geld braucht der Staat ja. Da sind zwar etliche erhebliche Kostenstellen, die ich für absolut unnötig erachte, wozu zum Beispiel braucht man eine große Menge von Eurofightern, wo nicht mal ein Feind in Sicht ist gegen den er fighten sollte?
Aber zurück zum Thema: Warum lassen wir Kraftfahrer es zu, dass sich der Staat an allen Preisabzockereien der Erdöl-Branche beteiligt? Schon mal darüber nachgedacht? Die Kraftstoffversteuerung ist nämlich nicht fix, also ein bestimmter Betrag pro Liter Kraftstoff sondern prozentual! Das bedeutet, dass der Staat an jeder Preisspirale mitverdient!
Und dann wird noch die ebenfalls prozentuale Mehrwertsteuer - also Steuer auf der Steuer !! - draufgesetzt!
Ich habe das auch schon sowohl meinem Abgeordneten als auch der Regierung selbst geschrieben - aber ein einzelner Brief hat da natürlich keine Wirkung. Wenn aber zum Beispiel die Hälfte der ADAC-Mitglieder jede Woche mal eine E-Mail oder ein Fax an die entsprechenden Adressen loslassen würde, bin ich sicher, dass es Wirkung hätte. Vielleicht braucht der Vorstand des ADAC auch mal so einen Posteingang. Wenn man diesen windelweichen Leitartikel im letzten ADAC-Blatt liest, liegt dieser Vorschlag sehr nah.

Samstag, August 12, 2006

Das Autobahn-LKW-Problem

Mannis einfache Lösungen aller Probleme

Wir brauchen unsere LKWs.
Aber keine, deren Fahrer schon seit 20 Stunden ununterbrochen hinter dem Lenkrad sitzen.

Wir brauchen auch keine Speditionen, deren Disponenten derart knappe Laufzeiten bestimmen, dass der Fahrer nur unter Missachtung sämtlicher Sicherheitsregeln seine Zeitvorgaben erfüllen kann.

Wir brauchen auch keine Lagerhaltung „ production just in time" auf der Straße, den Zeit/Lohn-Wettbewerb gewinnen allemal die Osteuropäer oder wer sonst noch für 2 Euro/Stunde Fahrer beschäftigt. Deutschland erzeugt sorgsam gebaute Qualität zu hohen Lohnpreisen und nicht Billigramsch für die Wegwerfgesellschaft – wenn es global überleben will.

Und schon gar nicht brauchen wir rollende 40-Tonnen-Zeitbomben mit abgelatschten Reifen, maroden Bremsen und mit kasachischem Maschendraht zusammengehaltenen Fahrgestellen, die sich schon von Belutschistan bis an die deutschen Grenzen geschleppt haben.

Wir brauchen auch keine verzweifelten LKW-Fahrer, die schon seit 100 Kilometern gerne ihre notwendige und gesetzlich vorgeschriebene Pause machen würden, aber keinen freien Parkplatz finden.

Das ist ja alles nicht neu und es gibt ausreichend Strafgesetze. Trotzdem – Sie wissen es ja selbst – sind alle genannten Probleme tagtäglich vorhanden.

Da braucht man Mannis einfache Lösungen.

Sonst bin ich eher für Erziehung mit Belohnungen - hier helfen jedoch nur Kontrollen und Disziplinierung über schmerzliche Sanktionen. Kontrollen gibt's zu wenig und Sanktionen sind zwar vorhanden aber grundfalsch. Belohnung könnte es trotzdem geben: Großer grüner Punkt in der Windschutzscheibe für positiv durchgeführte Kontrolle aus einem Material, das nach 2 Monaten verblasst, würde dazu führen, dass dieser Lkw bei der nächsten Kontrollstelle weitergewinkt wird.

Im Moment ist es so, dass nur wenige Gesetzesverstöße auffallen und noch weniger geahndet werden.

Zunächst zu den Kontrollen.

An allen Grenzstellen sollte jeder (!) LKW nur über eine Grube fahrend (mit 5-Minuten-Stop während gleichzeitiger Papierkontrolle) einreisen dürfen. In der Grube arbeiten im Kurz-Schichtbetrieb Fachleute und machen eine erste Kurz-Kontrolle. Bei Verdacht auf technische Mängel fährt das Fahrzeug auf eine zweite

Grube außerhalb des Verkehrsstroms und wird gründlicher untersucht. Bei Mängeln wird das Fahrzeug zurückgeschickt.

Kontrollen auf den Strecken macht bisher die Polizei. Warum nur? Braucht man doch gar nicht. Man installiert einfach in unterschiedlichen Abständen unter den Autobahnüberführungen Kameras und Lichtschranken zur Abstandsmessung und ermittelt so zum Beispiel die üblen Drängler.

Bei einem generellen LKW-Überholverbot auf 2-spurigen Strecken kann man mit heutigen Optiken Überholsünder auf lange Distanzen ermitteln.

Jetzt kommt die Sanktion.

Nein, die geht nicht gegen den Fahrer, sondern gegen das Fahrzeug – für Straftaten benutzte Waffen werden ja auch eingezogen.

Nein, nein, das Fahrzeug wird nicht eingezogen sondern nur – entsprechend der Schwere des Verstoßes – eine Weile ruhig gestellt. Das heißt also, der Wagen wird irgendwo heraus gewunken und auf einem Parkplatz für einige Zeit abgestellt. Mit dem neuen Mautsystem kann er auch nicht mehr entwischen.

Diese Sanktion trifft nämlich den Spediteur und erst in 2.Linie den Fahrer. Da hört das auf, die allfälligen Strafen aus der Reisekasse klaglos (weil nämlich die Tonnen-Kilometer x Fracht x Zeit viel mehr einbringen) zu begleichen und wenn der Fahrer zu viele Punkte in Flensburg angesammelt hat, diesen nach Hartz IV zu entsorgen.

Man kann für jedes auffällige Fahrzeug so auch eine Wartezeit-Soll-Liste führen, die wieder auf Null gestellt werden muss und zwar solange es noch im Lande ist, also spätestens bei der Ausreise. Aufgefallene müssen natürlich auch zur Kasse und zahlen dort nicht etwa Strafe, (geht so nicht im Rechtsstaat) sondern Bearbeitungsgebühr.

Rechtsstaat? Bleiben wir trotzdem. Wer nachweist, dass der Strafvorwurf fälschlich erfolgte, bekommt die Ausfallzeit des Fahrzeuges ersetzt. Später.

Mit dieser probaten Lösung würden sich die Sitten auf unseren Straßen schlagartig verbessern. Wetten?

Jetzt noch zur Lenkzeit-Pause.

Da wird man sowieso nicht drum herum kommen, Parkmöglichkeiten zu schaffen. Gebührenpflichtig. Garantiert gibt es neben den Autobahnen große Ackerflächen, die gerne an Autohofbetreiber verkauft werden. Dafür braucht man Infrastruktur und muss die Planfeststellungsbremser (dazu ist eine andere einfache Lösung in Arbeit!) überlisten. Aber später kommt damit richtig Kohle rein und das freut die Grundstücksgemeinde und sonst noch ein paar Leute. Nicht zuletzt den Brummi-Fahrer.

Übrigens: Das eilt mit den Autohöfen!

Denn es droht der Autobahn-Infarkt

Er steht kurz bevor. Ein Blick auf die Landkarte genügt: Im Westen haben wir die Produktionsnationen und im Osten Markt bis zum Pazifik.

Und dazwischen liegt German-Transit.

Da wäre übrigens auch noch Süd-Nord-Transit aber Scandinavien ist ja besiedlungsmäßig eher übersichtlich und die Italiener fahren lieber Fiat als Volvo.

Und unsere weitsichtigen Verkehrspolitiker meinen, dass sie dieses Problem ignorieren können, denn bis zur nächsten Wahl wird's schon noch so gehen.

Da braucht man Mannis einfache Lösungen. Hier ist sie.

Die LKWs , speziell alle Transit-Fuhren, müssen auf die Bahn. Das ist ja auch nicht neu.

Aber leider ist unsere Bahn zwar gut im Personalabbau aber schlecht in der Transportleistung.

Die Republik muss Cargo-Eisenbahnstrecken bauen! Roll-on / Roll-off in 200 km-Abständen oder bei den Großstädten. Auf diesen Schienen darf kein Personenzug fahren – also braucht man auch keine Bahnhöfe.

Zum Beispiel 3 Trassen West-Ost:

1 Strecke Holland – Berlin – Polen,

1 Strecke Aachen – Nürnberg - Prag

1 Strecke Straßburg – Stuttgart – München – Wien,

1 Abzweig-Strecke München – Prag.

Und noch 2 Trassen Nord-Süd

1 Strecke Hamburg – Basel

1 Strecke Hamburg – München

An den Kreuzungspunkten ergibt sich eine einfache Möglichkeit für Streckenvariationen.

Nun gibt es in diesem Lande verschiedene fundamentale Religionen. Zum Beispiel die GRÜNEN oder der BUND.

Deshalb meinen Kenner der Materie nicht ganz zu Unrecht, dass sich Eisenbahnen heutzutage nicht mehr verwirklichen lassen. Deshalb braucht das Volk Gesetze, die es vor dem Brachvogel und dem Laubfrosch schützt, wenn das Gemeinwohl wichtiger ist. Dazu gehören auch Gesetze, die es dem überall wohnenden Prozesshansel unmöglich macht, solche Vorhaben über die Gerichte zu torpedieren. Nein, man soll diese Leute nicht enteignen, sondern gut entschädigen. Und bei Abwägung von Schutzwerten darf nicht vergessen werden, dass der Mensch ebenfalls zur Natur gehört.

Denn erst wenn diese Transitstrecken bestehen, wird man auf unseren Autobahnen wieder vorankommen.

Den Einwand „kein Geld“ kann man vergessen. Die Strecken werden von einer Privatbahn betrieben, die Investitionen kommen garantiert aus aller Welt herein.

Samstag, Mai 26, 2007

Ich bin wieder da! – Unnötige Ampel

Hallo Blogger,

nun ist doch ein halbes Jahr ins Land gegangen, wo ich nicht dazu gekommen bin, hier auch nur ein einziges Wort zu schreiben.
Nicht dass es an Themen gefehlt hätte. Aber ich bin ein bisschen nach links umgezogen - nach Hessen. Mir war's im Lande des O. - ihr wisst schon, der schwäbischen Maultasche - plötzlich nicht mehr recht, ich meine zu rechts, äh... egal. Im Ernst, die Mieten dort und dann noch die ENBW -

Na dann, mal wieder zum Verkehr. In der Stadt W. wo ich seither gelebt habe, sind wie fast überall, einfach zu viele Ampeln. Vor Jahren hatte ich mir die Mühe gemacht und alle Ampeln der Stadt daraufhin abgecheckt, ob sie notwendig waren, nur zu bestimmten Zeiten notwendig oder überflüssig waren.

Es ist zu lange her, ich weiß es nicht mehr, wie viele Ampelanlagen es insgesamt waren, ich glaube ca. 50 Wirklich notwendig waren rund um die Uhr definitiv nur 5 Ampelanlagen.

Gestern habe ich dort eine Ampel an einer T-Kreuzung zugehängt vorgefunden. Und siehe da, plötzlich gab's da eben keine Staus mehr, obwohl zu der Tageszeit viel Verkehr war. Meiner Meinung nach, braucht man an T-Kreuzungen (T-Kreuzung ist eine Einmündung in eine bevorrechtigte Straße) nur in wenigen Ausnahmefällen überhaupt eine Ampel.

Ich habe meine Aufzeichnungen damals der Stadtverwaltung geschickt. Resonanz? Null.

Das ist's was mich auf die Palme zwingt: die Arroganz und Ignoranz der leitenden Beamtenschaft!

Dienstag, September 23, 2008

Wir müssen uns gegen Ölmulti-Abzocke wehren

Als ob es nicht alle schon gewusst hätten: mit der Anpassung nach oben auf Grund gestiegener Rohölpreise, sind die Treibstoffmultis ganz besonders schnell. Fällt aber der Preis an den Rohstoffbörsen, dann setzt sich das erstaunlicherweise nur ganz ganz langsam an den Tankstellenpreisen durch, wenn überhaupt.

Mit anderen Worten: es ist ganz klar, dass die Treibstoffgesellschaften ihr Marktmonopol schamlos ausnutzen. Eine Preisregulierung durch den Markt kann nur erfolgen, wenn es auch Wettbewerber gibt. Die dafür allein in Frage kommenden freien Tankstellen sind leider zum größten Teil verschwundenen, was wir Kraftfahrer nicht zuletzt auch selbst schuld sind. Hätten wir einfach mehr bei den Freien getankt.

Wie können wir uns nun wehren gegen diese konzertierte Abzocke der Multis?
ich hätte da eine Idee: sind nicht mehr als 10 Millionen von uns Mitglied beim ADAC? Da sollten wir doch unseren Vorstand mal gehörig unter Druck setzen, dass wir unsere geballte Kundenmacht endlich mal einsetzen. Zum Beispiel sollte der ADAC sagen: weil die Gesellschaft Aral den gesunkenen Ölpreis nicht an uns weiter gibt, werden alle ADAC Mitglieder in der 39. Woche nicht bei Aral tanken. Und in der nächsten Wochen machen wir dasselbe mit Esso. Und dieser Boykott muss natürlich auch vom ADAC veröffentlicht werden.

Da wollen wir doch mal sehen, ob das nicht wirkt. Sind wir nur alle im ADAC um eine Landkarte als Jahresgabe zu bekommen oder im Notfall mal abgeschleppt zu werden? Ich meine wir sind in einem Verein, um unsere Interessen durchzusetzen! Setzen Sie sich also mal kurz hin und schreiben dem ADAC eine E-Mail - von mir aus kopieren Sie diesen Blog-Beitrag, ich schicke ihn auch gleich anschließend weg.

Donnerstag, Mai 29, 2008

Unglaubliche Mobilitätsverteuerung

Unsere unbedarften Politiker basteln im Moment mal wieder an der Steuerschraube für Kraftfahrzeuge herum. Als ob es nicht schon teuer genug wäre. Im Gespräch ist eine Besteuerung nach CO^2 Ausstoß.
Mal abgesehen davon, dass es **in anderen Ländern keine Garagen-Besteuerung für ein stehendes Kraftfahrzeug gibt,** ist dieser Ansatz nicht besonders intelligent dafür aber besonders unsozial - wer sich kein modernes Auto leisten kann, muss kräftig löhnen und braucht sich auch nicht einbilden, durch Verkauf seines doch noch so schönen Autos mit einem blauen Auge davon zu kommen.

(Mir hat man auf diese Weise zweimal ein schönes Auto enteignet, hatte nur Euronorm 1)

Mein Vorschlag wäre dieser (obwohl die Steuer auf dem Sprit auch längst ausreichend wäre, quatsch ausreichend, die ist richtig unverfroren und betrifft auch Leute, die gar kein Auto mehr haben und den Bus benutzen, der seinerseits keineswegs steuerbefreit ist) , also hier der Vorschlag, wenn's denn nicht anders geht:
Geringe Steuer für Autos bis 100 PS (das reicht, um ordentlich fahren zu können und die Industrie könnte sich leichtere Bauweisen einfallen lassen, dann lief's schneller und weniger Sprit brauchen die auch)
Hohe Steuern von 101 - 200 PS
und **richtig heftige Steuern über 200 PS**. Wer das braucht, kann auch löhnen.

Was die unsägliche Steuerbelastung des Sprits angeht: **Wo bleibt eigentlich eine wirklich wirksame Protestmaßnahme des ADAC?** Da sind wir doch alle Mitglied!

Nicht am Stammtisch meckern, das bringt nichts. Sondern seinem oder anderen Abgeordneten schreiben was Sie gerne anders hätten. Hier die Adresse: http://abgeordnetenwatch.de

Samstag, Juli 19, 2008

Im Schilderwald (Kopie an das Verkehrsministerium)

Fröhlich pfeifend fährt man mit den erlaubten 100 km/h auf eine laut Schild gefährliche Linkskurve zu.
Das Warnschild hier hätte man sich sparen können, denn diese Kurve sieht man ja rechtzeitig und wenn man sie nicht sehen würde, zum Beispiel im Nebel, dann darf man eben nicht so schnell fahren. Kurz nach der auch ohne Schild problemlos bewältigten Kurve kommt ein Geschwindigkeitstrichter
- 60 – 40km/h
darauf hin kommt eine Serie von Warntafeln
Der vorsichtige Autofahrer vermutet hier den Bau eines Großkraftwerkes, zu sehen ist allerdings nichts. Doch, nach 200 m sieht man 10 m rechts neben der Fahrbahn ein ausgehobenes Loch samt einer weggelegten Schaufel. Der dazugehörige Bauarbeiter ist aber seit 15:00 Uhr im verdienten Wochenende und kommt erst am Montag wieder.

Sehen Sie, Herr Verkehrsminister Tiefensee, das ist es doch wohl, was Sie als Auslichtung des Schilderwaldes erzielen wollen. Das geht aber nicht, indem man die Verkehrszeichen abschafft, sondern diejenigen zur Ordnung ruft, welche für sinnvolle Aufstellung verantwortlich sind. Selbst wenn man vor der oberen beschriebenen Kurve möglicherweise überhaupt kein Verkehrszeichen braucht, schließt das nicht aus, dass es Stellen gibt, wo ein solches Zeichen dringend erforderlich ist.

Das trifft sicherlich für die meisten der Zeichen zu, welche Sie abschaffen wollen. Vielleicht nicht für das hier: Da genügt das, weil es egal ist, ob man *erst* auf die Schranke und *dann* auf die Lokomotive *oder gleich* auf die Lok fährt.

Sagen Sie mal, Herr Verkehrsminister, haben Sie sonst nichts zu tun? Vielleicht lesen Sie mal mein letztes Posting über Änderungen der Straßenverkehrsordnung bezüglich des Verhaltens an Fußgängerampeln bzw. sonstiger Notwendigkeit von Verkehrsampeln.

Montag, Januar 19, 2009

Verschrottungsbonus - ach so realitätsnah!

Wie immer sind unsere Politiker ganz nah am Volk und noch näher an der Realität. Jetzt haben sie - um der gebeutelten Autoindustrie wieder auf die Beine zu helfen - für jeden Altwagen, der verschrottet wird, 2,500.- € ausgelobt.
Leute, welche ein 9 Jahre oder älteres Auto fahren, machen das vermutlich nur deshalb, um über die langen Jahre das Geld anzusparen, das für einen Neuwagen hinzublättern ist. Da sind bei ca. 20.000 € (das ist ja wohl immer noch kein Luxusauto) ja dann nur noch schlappe 17.500 zu finanzieren. Na, wenn das dem Kleinverdiener nicht hilft, endlich mal einen Neuwagen anschaffen zu können und nicht immer nur Gebrauchtautos fahren zu müssen - nicht wahr?
Das ist doch endlich mal eine soziale Wohltat, die nur für die unteren Einkommensschichten gedacht ist. Denn Geschäftsleute, die ihre Autos 9 Jahre und länger fahren, sind wohl eher die Ausnahme. Wäre geschäftlich auch Schwachsinn, weil Neuautos schließlich Garantie haben und keine Reparaturen kosten. Allerdings: einen Porsche fährt man als Kultauto vielleicht sogar länger. Dann sind die 2.500 auch nicht wirklich hilfreich, weil sich der Altporsche in Moskau allemal für das Doppelte verkaufen lässt. Wobei ich sogar fürchte, dass dieses Fahrzeug offiziell (auf dem Papier) in der Schrottpresse gelandet ist - wer kontrolliert schon die Schrottpakete, was da wirklich drin ist.
Das Dumme ist auch: Die Banken haben gerade gar keine Lust, Kredite zu vergeben. Und wenn sie es doch tun, haben sie inzwischen wie zum Beispiel die Postbank, ihren Kontokorrentzins von 12 auf 13 % angehoben, wahrscheinlich deshalb, weil die EZB den Leitzins gerade deutlich gesenkt hat. Geld einkaufen für 2 % und verleihen für 13%. Die Gier der Banken ist ungebrochen.
Merke: Geld verdirbt den Charakter.

Montag, Februar 02, 2009

Verschrottung mit Prämie läuft doch?

Wie ich jetzt den Medien entnehme, läuft das Verschrottungs-Prämien-Kassier-Modell doch besser als ich dachte.

War ich da mit meinen Überlegungen so ganz daneben? Ich glaube es eigentlich nicht.
Was ich jedoch glaube ist, dass man als Staat da sehr genau hinsehen sollte, was mit den angeblich verschrotteten Fahrzeugen passiert. Wie ich ja in meinem letzten Posting schon angedeutet habe - jetzt hat das Fernsehen sogar auch noch genau gezeigt, wie das mit dem Besch.... geht.

Das Schöne ist: Man braucht den Fahrzeugbrief gar nicht abzugeben, beziehungsweise wird darin kein Vermerk der Verschrottung angebracht.

Na dann auf zum fröhlichen Schrotten!

Wer's immer noch nicht kapiert hat (Politiker vielleicht) : In München bei 'nem guten Spezi, der eine Schrottpresse hat, "verschrotten" . Dann ne' Überführungsnummer beim Amt holen und zu einem anderen guten Spezi in Hamburg fahren und die Karre dort einfach wieder zulassen. Oder natürlich gerne: Problemlos verkaufen im Osten.

Honorar: € 2.500,-- für die Verschrottungsbescheinigung.

Samstag, April 24, 2010

Das EU-Bedenkenträger-Festival

Jetzt ist es raus gekommen, dass die Staubkonzentration in der oberen Atmosphäre über Zentraleuropa keineswegs diese Totalsperrung des Luftverkehrs erfordert hätte.
Auch bezeichnend für dieses verantwortungslose Bedenkenträgersystem ist, dass es noch Tage gedauert hat, bis die Messergebnisse des Testfluges an die Öffentlichkeit gekommen sind: nämlich dass nichts da war.
Das wollte man doch so lange wie möglich verschleiern - bis durch teilweises, anstelle sofortiges Aufheben des Flugverbotes nicht so offensichtlich auch dem Laien klar wird, was für ein Schwachsinn hier abgelaufen ist.
Nun kommt es aber: Wo sind denn die Verantwortungsträger (Ramsauer z.B.) wenn es jetzt mal zur Kasse geht, für die enormen Schäden, die hier angerichtet wurden?
Ich weiß schon, wie es ausgeht: Das zahlt mal wieder der Staat. Mit andern Worten wir, die Kleinen.

Wer sich da mal fachlich genauer informieren möchte, sollte einen Blick in das Fachmagazin "Pilot & Flugzeug" werfen. (http://www.pilotundflugzeug.de)

Übrigens: Wenn ich mir dieses Disaster so ansehe, bekomme ich wirklich Angst, was da wohl abläuft, wenn aus einem Kernkraftwerk mal irgendwann eine ganz klitzekleine Menge Radioaktivität austreten sollte. Ich wohne in der Nähe von Biblis. Ob dann ganz Hessen mal vorsorglich evakuiert würde? Zuzutrauen wäre es diesen Typen.

Printed by Books on Demand GmbH, Norderstedt / Germany